制度、名物与史事沿革系列

# 和亲史话

*A Brief History of "Marital Pacification"*
*Policy in Ancient China*

宋 超/著

社会科学文献出版社
SOCIAL SCIENCES ACADEMIC PRESS (CHINA)

图书在版编目（CIP）数据

和亲史话/宋超著．—北京：社会科学文献出版社，
2012.7

（中国史话）

ISBN 978 - 7 - 5097 - 3238 - 0

Ⅰ．①和… Ⅱ．①宋… Ⅲ．①和亲政策 - 中国 - 古代
Ⅳ．①K280.02

中国版本图书馆 CIP 数据核字（2012）第 053170 号

**"十二五"国家重点出版规划项目**

中国史话·制度、名物与史事沿革系列

# 和亲史话

著　　者／宋　超

出 版 人／谢寿光
出 版 者／社会科学文献出版社
地　　址／北京市西城区北三环中路甲 29 号院 3 号楼华龙大厦
邮政编码／100029

责任部门／人文分社（010）59367215
电子信箱／renwen@ssap.cn
责任编辑／王晓鹏　吐孙阿依吐拉克　周志宽
责任校对／王海荣
责任印制／岳　阳
总 经 销／社会科学文献出版社发行部
　　　　　（010）59367081　59367089
读者服务／读者服务中心（010）59367028

印　　装／北京画中画印刷有限公司
开　　本／889mm×1194mm　1/32　印张／5.75
版　　次／2012 年 7 月第 1 版　　字数／113 千字
印　　次／2012 年 7 月第 1 次印刷
书　　号／ISBN 978 - 7 - 5097 - 3238 - 0
定　　价／15.00 元

# 总 序

中国是一个有着悠久文化历史的古老国度，从传说中的三皇五帝到中华人民共和国的建立，生活在这片土地上的人们从来都没有停止过探寻、创造的脚步。长沙马王堆出土的轻若烟雾、薄如蝉翼的素纱衣向世人昭示着古人在丝绸纺织、制作方面所达到的高度；敦煌莫高窟近五百个洞窟中的两千多尊彩塑雕像和大量的彩绘壁画又向世人显示了古人在雕塑和绘画方面所取得的成绩；还有青铜器、唐三彩、园林建筑、宫殿建筑，以及书法、诗歌、茶道、中医等物质与非物质文化遗产，它们无不向世人展示了中华五千年文化的灿烂与辉煌，展示了中国这一古老国度的魅力与绚烂。这是一份宝贵的遗产，值得我们每一位炎黄子孙珍视。

历史不会永远眷顾任何一个民族或一个国家，当世界进入近代之时，曾经一千多年雄踞世界发展高峰的古老中国，从巅峰跌落。1840 年鸦片战争的炮声打破了清帝国"天朝上国"的迷梦，从此中国沦为被列强宰割的羔羊。一个个不平等条约的签订，不仅使中国大量的白银外流，更使中国的领土一步步被列强侵占，国库亏空，民不聊生。东方古国曾经拥有的辉煌，也随着西方列强坚船利炮的轰击而烟消云散，中国一步步堕入了半殖民地的深渊。不甘屈服的中国人民也由此开始了救国救民、富国图强的抗争之路。从洋务运动到维新变法，从太平天国到辛亥革命，从五四运动到中国共产党领导的新民主主义革命，中国人民屡败屡战，终于认识到了"只有社会主义才能救中国，只有社会主义才能发展中国"这一道理。中国共产党领导中国人民推倒三座大山，建立了新中国，从此饱受屈辱与蹂躏的中国人民站起来了。古老的中国焕发出新的生机与活力，摆脱了任人宰割与欺侮的历史，屹立于世界民族之林。每一位中华儿女应当了解中华民族数千年的文明史，也应当牢记鸦片战争以来一百多年民族屈辱的历史。

当我们步入全球化大潮的 21 世纪，信息技术革命迅猛发展，地区之间的交流壁垒被互联网之类的新兴交流工具所打破，世界的多元性展示在世人面前。世界上任何一个区域都不可避免地存在着两种以上文化的交汇与碰撞，但不可否认的是，近些年来，随着市场经济的大潮，西方文化扑面而来，有些人唯西方为时尚，把民族的传统丢在一边。大批年轻人甚至比西方人还热衷于圣诞节、情人节与洋快餐，对我国各民族的重大节日以及中国历史的基本知识却茫然无知，这是中华民族实现复兴大业中的重大忧患。

中国之所以为中国，中华民族之所以历数千年而不分离，根基就在于五千年来一脉相传的中华文明。如果丢弃了千百年来一脉相承的文化，任凭外来文化随意浸染，很难设想13亿中国人到哪里去寻找民族向心力和凝聚力。在推进社会主义现代化、实现民族复兴的伟大事业中，大力弘扬优秀的中华民族文化和民族精神，弘扬中华文化的爱国主义传统和民族自尊意识，在建设中国特色社会主义的进程中，构建具有中国特色的文化价值体系，光大中华民族的优秀传统文化是一件任重而道远的事业。

当前，我国进入了经济体制深刻变革、社会结构深刻变动、利益格局深刻调整、思想观念深刻变化的新的历史时期。面对新的历史任务和来自各方的新挑战，全党和全国人民都需要学习和把握社会主义核心价值体系，进一步形成全社会共同的理想信念和道德规范，打牢全党全国各族人民团结奋斗的思想道德基础，形成全民族奋发向上的精神力量，这是我们建设社会主义和谐社会的思想保证。中国社会科学院作为国家社会科学研究的机构，有责任为此作出贡献。我们在编写出版《中华文明史话》与《百年中国史话》的基础上，组织院内外各研究领域的专家，融合近年来的最新研究，编辑出版大型历史知识系列丛书——《中国史话》，其目的就在于为广大人民群众尤其是青少年提供一套较为完整、准确地介绍中国历史和传统文化的普及类系列丛书，从而使生活在信息时代的人们尤其是青少年能够了解自己祖先的历史，在东西南北文化的交流中由知己到知彼，善于取人之长补己之短，在中国与世界各国愈来愈深的文化交融中，保持自己的本色与特色，将中华民族自强不息、厚德载物的精神永远发扬下去。

《中国史话》系列丛书首批计 200 种，每种 10 万字左右，主要从政治、经济、文化、军事、哲学、艺术、科技、饮食、服饰、交通、建筑等各个方面介绍了从古至今数千年来中华文明发展和变迁的历史。这些历史不仅展现了中华五千年文化的辉煌，展现了先民的智慧与创造精神，而且展现了中国人民的不屈与抗争精神。我们衷心地希望这套普及历史知识的丛书对广大人民群众进一步了解中华民族的优秀文化传统，增强民族自尊心和自豪感发挥应有的作用，鼓舞广大人民群众特别是新一代的劳动者和建设者在建设中国特色社会主义的道路上不断阔步前进，为我们祖国美好的未来贡献更大的力量。

陈奎元

2011 年 4 月

⊙宋 超

作者小传

宋超，1951年生于吉林省长春市，1982年毕业于吉林大学历史系，中国社会科学杂志社《历史研究》编辑部编审。长期从事中国古代史编辑工作，研究方向为秦汉史。主要学术成果有《秦汉史论丛》《汉匈战争三百年》、《昭宣时代》等论著。

# 目 录

# 前　言

　　中国自古以来就是一个以华夏民族为主体，包括其他民族共同组成的国家。在其漫长的历史发展进程中，各个民族或政权由于政治、经济、文化等种种原因，彼此之间早就发生密切的联系，其中既有融洽与和睦的历史，又有冲突与战争的经历。中国历代王朝在处理民族关系的过程中，"和亲"始终是一项备受关注，也是争议颇多的重要政策与措施。

　　在中国古代社会，严格意义上的"和亲"，主要是指统一的汉族政权与少数民族政权、不同民族所建立的政权，以及同一民族所建立的不同政权之间，为达到或实现一定的政治、经济、军事等目的，从而实施以联姻为主要特征，辅以其他条件的双方和睦修好的行为。

　　关于中国历史上"和亲"的起止时间，学界一般都认为"和亲"始于西汉初年，迄于清代末期。汉高祖七年（前200年），刘邦兵败匈奴于平城后，采纳谋士刘敬之策，始与匈奴和亲，正如东汉史学家班固所说："和亲之论，发于刘敬。"至于中国古代和亲的终止时间，虽然不可能有一个准确的时间表述，但如果以地位尊贵的帝女为标志，道光二十一年（1841年），道光帝绵宁第四女寿安固伦公主嫁与蒙古奈曼部札萨克郡王德穆楚札克布，似乎可以视为中国古代和亲模式的基本终结。

先秦时期，夏商周三代以及各方国、诸侯国，华夏与所谓蛮夷戎狄等少数民族之间，曾经广泛地展开各种形式的联姻活动，呈现出错综复杂的形态，并与当时的政治、军事、外交形势的变化密切相关，具有明显的政治婚姻色彩。作为历代王朝调整不同民族与政权关系的一项重要政策与措施，严格意义上"和亲"虽然肇始于西汉初年，然而溯其本源，却可以从先秦时期政治婚姻中寻觅到最初的原型。特别是先秦典籍中"和亲"一词的出现，晋人魏绛所谓"和戎"政策的实施，以及"兄弟之国"与"甥舅之国"概念的形成等，成为后世历代王朝推行"和亲"政策效法的史例与重要的理论依据。

西汉初年，在汉匈民族激烈冲突的历史背景下，刘敬所献"和亲"之策，被汉高祖刘邦接纳并付诸实践；虽然刘邦没有完全按照刘敬以嫡长公主和亲匈奴，生子续为单于的设想，遣长公主和亲匈奴，但毕竟是首次将"和亲"运用于调整汉匈关系之中，正式开启中国古代和亲之先河。然而，在汉匈双方军事力量失衡的西汉初期，"和亲"并没有取得预期效果。建立在"和亲"基础上的汉匈"兄弟之国"，"和"而不"亲"，边境冲突连绵不断，和亲约定不断被毁，又不断得以恢复。随着汉武帝对匈奴战争的全面胜利，彻底改变了汉匈双方实力的对比，迫使匈奴在臣服的前提下，重新与汉廷和亲。汉匈和亲由"兄弟之国"到"俯首称臣"这一变化轨迹，为后世历代王朝实行和亲时提供了可资借鉴的历史经验。

魏晋南北朝是中国古代历史上政权更迭最为频繁的时期，诸多胡汉政权此起彼伏地出现于历史舞台之上，政治形势变化之速令人目不暇接。活动于中国北方的匈奴、氐、羌、鲜卑、柔然、突厥等少数民族及其所建立的政权，无不以和亲作为政治斗争手段，捭阖纵横、起废图兴，上演了一幕幕绚丽多彩的围绕"和亲"展开的历史戏剧。与两汉时期相对单一的汉匈和亲模式相比，魏晋南北朝时期的和亲，几乎涵盖了当时活动于中原的所有少数民族及政权，因此呈现出极其纷乱复杂的形态；而且是时和亲次数发生频率之高、涉及范围之广，均堪称中国古代和亲历史之最。魏晋南北朝时期的和亲，上承两汉和亲之余绪，下启隋唐和亲之高潮，是为中国古代和亲发展史一个重要的转折时期。

公元581年，北周大丞相杨坚废周自立，结束魏晋南北朝以来四百多年的纷乱局面，重新统一中国。隋朝虽然国祚短暂，但文帝杨坚相继遣宗室女安义、义成两公主和亲突厥，为唐贞观年间攻灭曾经纵横大漠的东突厥前汗国创造了条件。

承隋而建的李唐王朝，是继汉代之后中国古代历史上又一臻于鼎盛的王朝。有唐一代，政治、经济与文化高度繁荣以及相对开放的心态，对于民族关系的调整与发展产生重要影响。贞观二十一年（647年），唐太宗曾询问群臣："自古帝王虽平定中夏，不能服夷狄，朕才不逮古人而成功过之"的原因所在，面对群臣的褒扬之辞，唐太宗表示："不然，朕所以能及此者，止由五事耳"，其中第五事就是"自古皆贵中华，贱夷狄，朕独爱之如一，故其种落皆依朕如父母"，所以才能逾越古帝王而获成功。唐太宗对夷狄所持颇为宽容与开放的心态，是唐与周边民族及政权关系比较和睦的关键所在。

隋唐时期的和亲，与汉代和亲在形式上极其相似，主要是以公主与宗室女嫁与周边民族及政权的首领，而没有周边少数民族公主入塞和亲的事例。这也充分反映出在汉族为主体的中央王朝重新确立"正统"地位后，便将"和亲"的主动权纳入彀中，成为调整及控制周边少数民族及政权的一个重要手段。有唐一代和亲史上，以与吐蕃及回鹘的和亲最具特色。文成公主与金城公主相继和亲吐蕃，首次将和亲的范围由北边及中原扩展到西南地区；而唐肃宗为收复两京，借兵于回鹘，将亲生女儿宁国公主嫁与毗伽阙可汗，开创了中原王朝以"真公主"和亲之先例。

而约在公元10世纪崛起的蒙古族，及其后所建的蒙元帝国，更是将"和亲"运用到极致。蒙元帝国既有与高昌回鹘持续多年的联姻，又有与政敌夏、金二国短暂的"和亲"。两者是性质完全不同的"和亲"，前者是通过联姻争取与国，为统一蒙古高原，以及稳定帝国西北局势服务；后者则完全是权宜之计，始于"和亲"，终于"殄灭"。蒙元帝国针对不同的民族与政权，在两类不同性质的"和亲"中捭阖纵横，最终取代南宋，成为中国古代历史上第一个由少数民族建立并统治的全国政权。

满蒙联姻不仅是中国古代和亲史的终结，也是最具特色的和亲范式之一。自康熙平定三藩之乱后，"南不封王，北不断姻"，成为有清一代奉行不替的基本国策。与历代和亲所表现出随意性与多变性不同的是，满蒙在连续不断、多层次、长时段的相互通婚中，逐步形成如"内廷教养"、"备指额驸"、"定期省亲"、"生子授衔"等一系列制度性规定，不仅保障满蒙联姻顺利有序地进行，也维系满蒙双方的"舅甥"关系，体现出"满蒙一体"的显著特点。几近三个世纪的满蒙联姻，繁衍出不可胜计的满蒙混血后裔，对于实现满蒙民族融合也具有重要的意义。

在中国古代和亲史上，宋、明两朝是一个比较特殊的时期，尽管都面临相当尖锐复杂的民族矛盾，时常为"战"、"和"问题所困扰，但均没有仿效汉唐等王朝通过联姻形式的"和亲"处理民族矛盾的行为。

两宋时期，前有西夏、辽、金之威胁；后有金、元之南侵，与汉唐所面临民族问题多有相似之处，甚至更为严峻。但两宋时期，却没有通过联姻式"和亲"缓解紧张民族关系的成功事例，这与宋人对"和亲"的理解不无关系。司马光的看法就颇具代表性："上世帝王之御夷者也。服则怀之以德，叛则震之以威，未闻与婚姻哉。"宋人对"和亲"的理解，基本等同于魏绛的"和戎"，即排除联姻关系之外，可以采取其他方式与所谓戎狄"和亲"。如签订于宋真宗景德元年（1004 年）的"澶渊之盟"就是典型的一例。盟约规定宋辽约为"兄弟之国"，划定边界互不侵扰，宋岁输币帛若干，开设榷场互市贸易，其中除没有涉及婚姻关系外，其他"和亲"要素一应俱全。宋仁宗庆历二年（1042 年），辽兴宗宗真以宋与辽有"甥舅之亲"的西夏发生战事为由，提出求婚、割地及岁输币帛的要求，否则兵戎相见。宋廷坚决拒绝求婚与割地的要求，最终以增加岁输币帛而达成妥协。显然，宋人这种宁肯多增岁输也绝不许婚的心态，是建立在更为严格的"华夷之辨"的基础之上，与汉唐时虽然也有许多人反对和亲，但主要担忧和亲的后果可能得不偿失，却很少从联姻的角度考虑有本质的区别。

明人对"和亲"的看法，似乎较宋人更为激进。明成祖朱棣先后五次北征，虽然军事上有所斩获，但始终没有真正消灭蒙古部落的有生力量。有明一代，蒙古诸部始终是北部边境最大的威胁。正统十四年（1449 年）"土木之变"爆发前不久，出使蒙古瓦剌部的使者曾经许诺也先"与中国结亲"。时人刘定之《否泰录》记曰："也先求以其子结姻于帝室，通使皆私许也。（也）先进马为聘仪，朝廷不知也，答诏无许姻意。也先愧怒，以正统十四年七月初八日入寇。""土木之变"发生的原因，当然不仅仅是由于朝廷拒婚而

“也先愧怒”那么简单，但从中也可反映出，朝廷拒绝也先“和亲”也是诱因之一。

蒙古诸部为得到汉地的农产品，经常以“和亲”的名义要求互市贸易，但时常被明廷拒绝。嘉靖二十九年（1550年），蒙古土默特部首领俺答，率军突入京畿杀掳，爆发“庚戌之变”，起因就是由于朝廷拒绝俺答互市通贡的要求。“庚戌之变”后，嘉靖时名臣杨继盛罗列十条理由，驳斥大将军仇鸾请开互市的建议，甚至认为：“互市者，和亲别名也”，断不可许。直到隆庆五年（1571年），明穆宗应俺答和亲请求，封俺答为“顺义王”，具体规定封贡、互市等事项。万历五年（1577年），朝臣关于贡市利弊争议再起，兵部尚书方逢时上疏表示：“御戎无上策：征战祸也，和亲辱也，赂遗耻也。今曰贡，则非和亲矣；曰市，则非赂遗矣；既贡且市，则无征战矣。”方氏的上疏，将本应属于和亲范畴之内的双方互市贸易，巧妙地析解为对方为“贡”，己方为“市”，避免朝廷因“和亲”受辱，行“赂遗”蒙耻的尴尬局面，从而达到既无“和亲”之名，却有“和亲”之实的理想状态。从中不难窥察明人对“和亲”的别样理解。

由于两宋与明代均没有发生以联姻为基础的“和亲”事例，因此本书对此没有专章展开讨论，是为说明之处。

综观中国古代和亲历史，作为一种处理复杂民族及政权关系的重要手段和策略，和亲双方不论出于消

弭边患、拓疆展域、争取与国、稳定时局等何种目的，
但客观上或多或少地有利于缓和国内的民族矛盾，有
利于国家的统一和民族的团结，对促进各民族之间的
经济文化交流起着一定的作用。在涓涓不息的历史长
河中，和亲从一个独特的角度，为中华民族的融合与
凝聚作出了重要贡献。

# 一　先秦时期的和亲

先秦时期，华夏民族与所谓蛮夷戎狄等少数民族，夏商周三代以及各方国、诸侯国之间，出自不同的政治、军事、经济、外交等需求，曾经广泛地展开各种形式的联姻活动。这种婚姻形态，其意义早已超越婚姻本身，具有明显的政治婚姻特色。先秦时期的政治婚姻，由于时代跨越漫长，参与的民族与政权众多，呈现出极其错综复杂的形态。尽管先秦时期的政治婚姻不能等同于后世严格意义上"和亲"，但从不同时期的"和亲"本身所必备的政治因素，以及"和亲"词义的溯源，"和戎"政策的最早实施，"兄弟之国"与"甥舅之国"概念等角度进行考察，无疑对后世"和亲"政策的形成及演进具有深远的影响。

## "和亲"词义溯源

作为一项通过联姻方式调整汉匈关系的政策与措施，"和亲"虽然发轫于西汉初期；但"和亲"一词，早在先秦时期就已见诸典籍，其义虽然不同于汉初以降的所谓"和亲",但由于其包含了通过采取一定的措施从而达到和睦修好的目的,因此,"和亲"一词为汉初所沿用,并成为一个通过联姻调整双方关系的特定概念。

值得注意的是,《周礼》在使用"和亲"一词时,尽管没有涉及婚姻,但主要同周王室处理与四方属国的关系密切相关。

《周礼》载"秋官司寇"属官"象胥"的职掌时说:"掌蛮、夷、闽、貉、戎、狄之国使,掌传王之言而谕说焉,以和亲之。若以时入宾,则协其礼与其言辞传之。"可见所谓"象胥",是通晓四方属国语言者,负责接待四方属国前来宾觐的使者,传译使者言语,教导周室礼节,宣布告谕周王之命,从而达到与四方属国和睦修好的目的。

《周礼》中所谓的"和亲",不仅没有涉及姻亲关系,而且对"入宾"的条件也是相当苛刻的,汉人郑玄注曰:"以时入宾,谓其君以卅一见来朝为宾者。"从四方属国之君三十年来朝方为"宾者"来看,周王室对四方属国的姿态完全是居高临下的,掌控与四方属国"和亲"的主动权。正因其符合古人心目中,中央王朝处理与所谓四方蛮夷关系最为理想的状态,因而得后人的普遍认同。北宋时人司马光所谓"上世帝王之御夷者也,服则怀之以德,叛则震之以威,未闻与婚姻哉",就是一明证。南宋时人叶适也对此推崇备至,其所著《礼经会元》卷四"夷狄"条曰:"象胥之所以和亲,是为周家待夷狄之法,与知怀方氏之致物,则张骞之使不必通,(李)广利之师不必遣矣;知象胥之和亲，则娄敬（即刘敬）之议不必行，而贾谊之策不必施矣。"

《周易》中虽然没有直接出现"和亲"一词，但相传为子夏所撰《子夏易传》一书，则以"和亲"比喻"先王"与"诸侯"的关系。《子夏易传》释"坤下坎上"比卦象辞"地上有水，比先王以建万国，亲诸侯"曰："地载水而泽也，水得地而安也。下得上而宁也，上得下而位也。故先王建万国，和亲诸侯，然后天下安也。"子夏将所谓"和亲"，作为"先王"处理与"诸侯"关系的意图十分明显。

可能是受到子夏以"和亲"传《易》的影响，后人在释《易》过程中，也多借用"和亲"一词，并且直接与汉匈和亲事联系起来，如明人叶山《叶八白易传》卷二传比卦"象曰……九五显比，王用三驱"时曰：

> 何休曰："王者不治异域"，而颍滨（苏辙自号"颍滨遗老"，后人遂以"颍滨"称之）驳之，以为古之所以待外国，有用武而征之者，高宗文王是也。有修文而和亲之者，汉文景是也。有拒绝而不纳之者，光武谢西域、却匈奴是也。此皆治远人之大要。

清人魏荔彤《大易通解》卷二传比卦象辞"地中有水，师君子以容民畜众"时曰：

> 原取于地。水　其德原取于厚载，然必能制

乎水，而后可以容畜乎。水以大事小，如文王以小事大，如太王。孟子固有论矣。后世如汉高祖听刘敬之和亲，亦大事小之，善策也。不然，则唐太宗之征高丽矣，如钱镠之归宋，亦小事大之，善计也……故云，民犹水也，可以载舟，可以覆舟。

可见汉与匈奴"和亲"的实践，对后人使用这一概念传《易》时影响至深。

在先秦典籍中，"和亲"除涉及"周室"与"夷狄"、"先王"与"诸侯"的关系外，亦是许多当权贵族为固权巩位，彼此修好结盟的一个重要措施，尽管同样也没有涉及婚姻关系。如发生在春秋中晚期晋国赵氏与韩氏，中行氏（即荀氏）与范氏等贵族彼此修好联合，共同驱逐另一当权贵族栾氏的故事就相当典型。

《左传》襄公二十三年（前550年）载："赵氏以原（即赵同）、屏（即赵括）之难怨栾氏，韩、赵方睦。中行氏以伐秦之役怨栾氏，而固与范氏和亲。"这可能是典籍所见"和亲"一词的最早出处。所谓"原、屏之难"，事在晋景公十七年（前583年），赵庄姬因向晋景公诬告大夫赵同、赵括兄弟谋反，而栾氏、郤氏又因与赵氏争权，故而提供赵氏谋反的伪证，致使赵氏兄弟被晋景公族诛。后在与赵氏关系深厚的韩厥的支持下，赵朔庶子赵武继承赵宗，赵氏势力又重新兴起。所谓"伐秦之役"，事在晋悼公十四年（前559

年），晋国中军元帅中行氏（荀偃）伐秦，由于晋国另一贵族栾黡不听命，致使晋军败绩，因此中行氏深怨栾氏；而范鞅曾被栾黡逼迫投奔秦国，所以范氏与栾盈早就不和。在韩、赵、中行、范氏等贵族的共同倾轧下，栾黡之子栾盈一族终于被诛灭。中行氏与范氏尽管没有涉及姻亲关系，但是为了共同对付宿敌栾氏，从而在"和亲"的名义下结成同盟。

"和亲"除涉及"周王室"与"四方属国"、"先王"与"诸侯"、贵族之间相互协调彼此关系的意蕴外，亦是促使民间百姓相互和睦修好的一项重要措施。《周礼》载小司徒属官"比长"的职掌时说："各掌其比之治，五家相受相和亲，有罪奇衺则相及。"唐人贾公彦疏释曰：

> 五家相受者，宅舍有故崩坏，相寄托。云相和亲者，案《尚书》云"尔室不睦，尔唯和哉"。五家之内有不和亲，则使之自相和亲。云有"罪奇衺则相及者"，五家有罪恶则连及，欲使不犯。

可见"比"作为周代最小的一个基层社会组织，比长的主要职责是使其治下的五家百姓，遇到困难时能够相互帮助，如果有不相和睦者，则以"和亲"促使其和睦；若有犯罪者，其余诸家均负连带责任，以致百姓不敢轻易犯科作乱。显然，"比"下居民如果彼此相互"和亲"，正是历代统治者孜孜追求治理教化百姓最理想的状态。

先秦典籍中所见"和亲"一词，尽管出现的频率不高，但其中已经具备后世所谓"和亲"最基本的内涵，即通过一定的方式与措施，从而促使利益对立或冲突的各方达到和睦修好的目的。

## ✐ "和亲"的先声——"和戎"

如上所述，先秦典籍虽然已经谈及"和亲"，然而在多数语境下，由于没有直接涉及与所谓戎狄的婚姻关系，因此并不是传统意义上的"和亲"。先秦典籍中与"和亲"词义相近，并且是专门讨论华夏与戎狄关系——"和戎"一词的出现，虽然也没有直接涉及婚姻关系，但在某种意义上讲，可以视为"和亲"的先声。

"和戎"之说，最早见于《左传》襄公四年（前569年）。是年发生与晋人相关的两个事件：一是楚人指使邻近陈国的小国——顿国侵伐陈国，陈国因此围攻顿国；二是位于今河北的山戎（北戎）之国无终国国君嘉父遣使孟乐至晋国，"纳虎豹之皮，以请和诸戎"。

从当时形势看，戎、翟诸部主要分布在晋国北方，即今山西大同、朔州一带，是后来被称作"五胡"之一的匈奴族的前身。曾长期威胁晋国的赤狄势力被扫荡后，晋国与山戎（北戎）的矛盾就凸现出来。无终国遣使臣至晋国"请和诸戎"后，在晋国君臣中引发争议。晋悼公最初主张"戎狄无亲而贪，不如伐之"。

而晋大夫魏绛在权衡"伐戎"与"救陈"的利弊后，劝说悼公曰："诸侯新服，陈新来和，将观于我。我德则睦，否则携贰，劳师于戎，而楚伐陈，必弗能救，是弃陈也，诸华必叛。"继之，魏绛提出"和戎"具有"五利"的对策：

> 戎狄荐居，贵货易土，一也。边鄙不耸，民狎其野，穑人成功，二也。戎狄事晋，四邻振动，诸侯威怀，三也。以德绥戎，师徒不勤，甲兵不顿，四也。鉴于后羿，而用德度，远至迩安，五也。

细绎魏绛"和戎""五利"之说，主要包括以下五层含义：

一是戎狄以游牧为生，逐水草而居，迁徙无常，因此重视财货而轻视土地，应当充分利用游牧民族这一习俗，发展对戎狄的贸易，收买他们的土地；

二是"和戎"可以避免双方军事冲突，使北部边境百姓安居乐业，耕耘收获，不需再畏惧戎狄的侵略骚扰；

三是以"和戎"诱使戎狄侍奉晋国，既可以引起四方邻国的震动，又可以威慑怀服其他诸侯之国；

四是以德安抚戎狄，不需劳师征伐，兵甲完好，可以保持晋国的军力不受损失；

五是借鉴后羿沉溺田猎、荒怠政事，终而亡国之教训，运用道德与法度怀远安近，使华夏与戎狄皆诚

15

心归服。

晋悼公听后，极为赞成魏绛"和戎"的建议，遣其主持"和戎"事宜，北上与诸戎结盟。从《左传》襄公十一年（前562年）的记载看，魏绛"和戎"之策取得很好的效果，不仅解决了来自晋国北方山戎的威胁，而且达到扩大疆域和增强国力的双重效果。在"和戎"之前，晋国疆域尚未越过以霍山为界的今山西南部地区；而"和戎"之后，正如清人顾炎武在《左传杜解补正》卷下所说："自霍山以北皆戎狄之地，自悼公以后始开县邑，而前此不见于传。"

早在西周初年分封之时，由于唐叔之晋国被封在夏墟，四周又与戎狄为邻，因此周公教导唐叔要"启以夏政，疆以戎索"，即以夏政教导夏民，以戎法治理戎人，便被定为晋之国策。正是由于这种特定的历史原因，晋国早就盛行戎狄习俗，其统治上层与戎狄通婚历史淹久。春秋五霸之一的晋文公重耳，其母即是狄之狐氏女；重耳避难于狄时，又娶狄女季隗为妻。晋国与和戎狄关系如何，是决定晋国国势走向的一个重要因素。

自从晋文公定霸以来，晋国继体之君皆试图维系霸主地位，但由于受制于诸国与戎狄，以及内乱等诸多因素的影响，霸业衰落已是不争的事实。晋悼公继位之后，励精图治，以"成霸安疆"为己任；而重现文公霸业，关键在于如何处理与戎狄的关系，以保有一个安定的后方。魏绛"和戎"之后，这一效果很快显现出来，晋国终于解除后顾之忧，得以专事"诸华"，重整文公霸业。特别是在处于晋、楚之间的郑国屈服后，与晋会盟，以兵车、乐器等行贿晋侯。晋悼公不无得意地对魏绛说："子教寡人和诸戎狄，以正诸华。八年之中，九合诸侯。如乐之和，无所不谐"，将郑国所献乐器之半赐之。魏绛谢绝曰："和戎狄，国之福也，君之灵也，二三子之劳也，臣何力之有焉？"辞谢再三，方才接受。

魏绛"和戎"之策，曾经得到后人的高度评价。唐代诗人李商隐，将魏绛与孔子并称，有"仲尼羞问阵，魏绛喜和戎"语。清人顾栋高曰："魏绛之最得者，在定和戎之策，以专事中夏，建息民之谋，使国力不竭，则既得于国本矣。"张尚瑗在《三传折诸》卷六《左传折诸》中，将进献"和戎"之策的魏绛，与劝谏晋文公纳周襄王而成霸业的狐偃，说晋景公定都新绛（今山西襄汾西南）的韩厥，并称为"终春秋之世，晋之臣有大功者三"，评价之高，由此可见。

作为魏绛"和戎"的主要对象山戎无终子国，也是这一策略的受益一方。周初，山戎因佐周武王灭商有功，被封于无终山（今河北玉田西北），建立无终子国。经过山戎长期的活动，无终国势渐强，境域不断扩展，最终定都无终邑（今天津蓟县），成为诸戎国中的首领之国。

在魏绛"和戎"之前，晋国时常与诸戎发生冲突，如《左传》僖公八年（前652年），晋"败狄于采桑"，宣公六年（前603年），"赤狄伐晋"之类的记载，屡见史乘。晋虽然不断通过改革兵制加强军事力量，"作三行"、"作五军"以御之，但并没有在整体上扭转对戎狄的被动局面。直至晋悼公时，魏绛作为"和戎"之使，至无终主持晋国与诸戎媾和结盟仪式，诸多戎国之君与晋国使者在无终歃盟，表示愿奉晋侯约束，各保境域。这一"和戎"局面一直维系至晋平公十七年（前541年），晋国与无终再以兵戎相见，史载"晋中行穆子败无终及群狄于太原"。魏绛"和戎"政策，为晋国与无终维系了几近三十年的安定局面。

魏绛的"和戎"之论，是中国古代历史上关于处理华夏与夷狄关系最早也是最完整的阐述，开辟了华夏族以"和戎"的方式，与少数民族和睦相处的先例。"和戎"思想的影响，不仅局限于与华夏与夷狄之间，也为不同少数民族政权之间和睦相处提供了一个可资借鉴的范例。《晋书·苻坚载记》载，前秦甘露年间（359～364年），匈奴左贤王卫辰遣使归降，请求屯居内地，得到苻坚的应允，而云中护军贾雍却纵兵掠夺匈奴财物。苻坚怒斥贾雍曰："朕方修魏绛和戎之术，不可以小利忘大信。"于是免除贾雍官职，"遣使修和，示之信义"。又，《周书·库狄峙传》载，大统元年（535年），西魏因与东魏争衡，"戎马不息，蠕蠕乘虚，屡为边患。朝议欲结和亲，乃使峙往"。由于库狄峙状貌魁梧、善于言辞，深得柔然阿那瓌可汗信重，"自是不复为寇"。西魏实际统治者宇文泰欣然对库狄峙曰："昔魏绛和戎，见称前史。以君方之，彼有愧色。"均是典型的事例。

# "兄弟之国"与"甥舅之国"

先秦时期，不同民族部落，以及各方国、诸侯国之间的通婚行为，都明显具有通过联姻达到一定政治目的的意图。许多学者将先秦时期这种普遍存在的联姻形式称之"政治婚姻"，这一概括与认识无疑是准确的。虽然学界对先秦时期的政治婚姻，是否等同于后世严格意义上的"和亲"模式，尚存在诸多争议。但从西汉以降的历代王朝诸多"和亲"的实例看，都可以在先秦时期，特别是从春秋以降习称的所谓"兄弟之国"与"甥舅之国"的表述中，寻觅出"和亲"的早期形态所在。

相传夏禹的父亲鲧在率夏人东迁后，娶东夷大姓莘氏女为妻。禹娶东夷大姓涂山氏女为妻，是为帝启的母亲。由于得到涂山氏的支持，禹"合诸侯于涂山，执帛者万国"。有夏一朝，都非常重视与东夷诸大姓的婚姻关系。太康因为不修政事，信任寒浞失国后，太康弟仲康为其子相娶东夷有仍氏女为妻，生少康，终于除去寒浞而复国。

商代亦是如此。相传殷人始祖契的母亲简狄，即是东夷大姓有娀氏之女。灭夏建商的汤，与东夷大姓有莘氏也有婚姻关系。商王与其他方国也有联姻关系。有学者认为，卜辞中的"妇周"，即是周人与商王联姻的证明。

早在先周时期，周人同西戎大姓姜姓及东方夷族大姓任、娰之间，就存在着以通婚为纽带的同盟关系。周人先祖弃的母亲有邰氏女姜嫄，就是出自炎帝神农氏姜氏一部落。弃娶妵氏女为妻，妵氏可能是出自所谓"九夷"，即东夷中的畎夷。太王亶父时，由于受到熏育戎狄之侵扰，举族由豳（今陕西彬县）迁至周原（位于陕西关中平原西部）。为寻求西羌与东夷的支持，太王亶父娶西戎有邰氏女太姜为妻，生子季历；季历娶东夷大姓任氏挚国女为妻，即周文王之母。周人能够在西方战胜诸戎，并东灭大邑商，其中同西戎及东夷的联姻行为，无疑起到重要的作用。

周朝建立后，为巩固对东方的统治，实行"封邦建国"制度，将大批姬姓贵族与少量异姓贵族分封于原商人统治区域及周边少数民族区域，"以藩屏周室"。这些新分封的诸国，即是后来典籍中所谓的姬姓"兄弟之国"与异姓"甥舅之国"。西周分封诸国之时，"兄弟之国"处于优势地位，晋人杜预注《左传》昭公二十八年（前514年）"昔武王克商，光有天下"时曰："光，大也。其兄弟之国者十有五人，姬姓之国者四十人，皆举亲也。"至于异姓诸侯的数量，则明显少于同姓诸侯。《荀子·儒效》谓"周公兼制天下，立七十一国，姬姓独居五十三人"。西周姬姓封国不仅在数量上占据优势，而且分封在黄河中下游经济发达的地区；至于异姓诸侯国，除以周初功臣受封的姜姓齐国外，其余诸国不仅数量较少，且封地基本分布在经济并不发达地区。西周这种以"兄弟之国"为主，辅以"甥舅之国"的分封格局，可以确保周室天下共主的地位。尽管当时存在着周天子与异姓诸侯联姻，以及"两国"之间也存在一定婚媾关系，但对西周政局基本没有发生过重大影响。

然而，随着幽王败亡，平王东迁，周天子式微格局的出现，所谓"兄弟之国"与"甥舅之国"展开激烈的争霸活动，正如《史记·齐太公世家》所说："是时周室微，唯齐、楚、秦、晋为最强。"诸大国出于争夺霸权的需要，都积极开展广泛的联姻活动以拓展实力，结交军事同盟。齐、楚、秦、晋及鲁、郑、宋、吴、越等国之间，都存在着多元的、错综复杂的婚姻关系。诸多处于大国兵威之下、朝不虑夕的小国，为谋求生存，或与大国联姻以求庇护，如纪国曾与齐国结怨，恐齐"复仇"，因此与鲁国联姻。或是小国之间相互联姻，谋求共保，如弦与江、黄、道、柏等"徵国"结为婚姻，以防楚国吞并。从而使先秦时期的政治婚姻形态，自春秋时期进入一个新的发展阶段。

关于"兄弟之国"与"甥舅之国"最为完整的表述，见《左传》成公二年（前589年）。是年春，齐顷公攻伐鲁国，卫穆公出兵救鲁侵齐，结果鲁、卫军败，于是向晋国求救。晋景公出师伐齐，齐晋两军战于鞍地（今山东济南附近），齐国兵败，晋景公遣使巩朔献捷于周。周定王拒见晋使，派单襄公辞谢说，蛮夷戎狄，不遵奉天子命令，败坏法度，所以命令讨伐，遂有献俘之礼；如果是"兄弟甥舅"之国，侵犯败坏法度，天子命令讨伐，只是报告"成功"而已，并不进献俘虏，这是因为敬重亲戚，禁止淫乱邪恶的缘故。

因此周天子不能接受晋国献俘，违背先王的礼制。况且齐与晋为"甥舅之国也，而太师（指齐国始祖吕尚）之后也，宁不亦淫从其欲以怒叔父，抑岂不可谏诲？"面对单襄公的责问，晋使巩朔无言以对。

鲁、卫、晋皆为姬姓，是所谓"兄弟之国"，故周定王尊称晋侯为"叔父"；由于齐为异姓诸侯国，因此有所谓"甥舅之国"之称。晋人杜预注曰："齐世与周昏，故曰甥舅。"王国维先生在《殷周制度论》中说："异姓之国，非宗法之所能统者，以婚媾甥舅之谊通之；于是天下之国，大都王之兄弟甥舅，而诸国之间，亦皆有兄弟甥舅之亲。"杨伯峻先生进一步指出："'兄弟'指同姓诸侯，'甥舅'指异姓诸侯，以异姓诸侯间多有婚姻关系，故称甥舅。"在西周宗法制度下，依据"同姓不婚"的礼制，异姓诸侯以婚姻为纽带结为"甥舅之国"，区别于宗法制下的同姓诸侯，则是当时政治婚姻最为集中的反映。如《左传》成公二年（前625年）就明确表示："凡君即位，好舅甥，修昏姻。"

齐与晋均分封于西周初期，两国历史多有联姻关系，据《史记·晋世家》载，晋穆侯四年（前808年）即娶齐女为夫人，生太子仇生，事在西周时期。自春秋以降，两国婚媾关系更为密切。齐桓公女齐姜嫁与晋献公为妻，生太子申生；重耳，即后来的晋文公避难于齐时，齐桓公以宗室女妻之，待之甚厚。可见自周初以来，齐、晋就是所谓"兄弟之国"与"甥舅之国"最为典型的代表。在"兄弟之国"的晋与"甥舅之国"的齐发生军事冲突时，名为天下共主、实则仰大国鼻息的周天子，只能居中采取调和态度，不可能明显偏袒齐、晋任何一国。

不过，早在春秋时期，原本不应涉及婚姻关系的同姓诸侯国——"兄弟之国"的概念，实际上已经开始发生某些变化。《韩非子·说难篇》载，郑武公欲袭胡国，先以其女嫁与胡君，以讨其欢心。郑武公并且故意询问群臣："吾欲用兵，谁可伐者？"当大夫关其思回答"胡可伐"时，"武公怒而戮之，曰：'胡，兄弟之国也。子言伐之，何也？'胡君闻之，以郑为亲己，遂不备郑。郑人袭胡，取之。"郑与胡均为姬姓，故郑称胡为"兄弟之国"；但郑出于伐胡的政治需要，故意以女妻之。可见即使在春秋时期，同姓不婚的原则，许多"兄弟之国"并没有遵守。

进入战国时期，随着周王室的彻底衰落，"兄弟之国"的概念再次发生变化，不论是否涉及联姻关系，原有同姓诸侯国的含义不复存在，已经演变成为一般意义上的同盟国。特别是在强大秦国的威胁下，山东六国为合纵抗秦而相亲，结成所谓的"从亲"关系。周赧王二年（前313年），秦惠王欲伐齐，遂设计间离齐、楚"从亲"关系，遣张仪往说楚怀王，许诺楚若能与齐"绝约"，不仅可得"商於之地六百里，使秦女得为大王箕帚之妾，秦楚娶妇嫁女，长为兄弟之国"。秦楚自春秋以来即缔有婚约，秦穆公之女秦嬴曾嫁与楚共王（前590年~前560年在位）为妻，是典型的"甥舅之国"。而降自战国，秦楚又约为"兄弟之国"，可见随着时代的变化，"兄弟之国"的概念已经发生明显变化。

"兄弟之国"概念的演变，对汉初的"和亲"实践曾产生过重要影响。高祖八年（前199年），刘邦遣刘敬出使匈奴，"约为兄弟以和亲"；文帝后二年（前162年）颁布的"和亲诏"，约定汉与匈"结兄弟之义，以全天下元元之民。和亲已定，始于今年"。可见汉匈"和亲"的基础是"约为兄弟"，即在政治层面上承认双方处于平等地位，重视的是"兄弟"而不是"和亲"。汉匈这种"兄弟"式的和亲，不仅当时就遭到贾谊等人"足居首上"的激烈抨击，也为后世史家所诟病，如《新唐书·突厥传序》就直斥汉匈和亲为"无策"，"奈何以天子之尊，与匈奴约为兄弟？帝女之号，与胡媪并御；蒸母报子，从其污俗"。可见"兄弟之国"式的"和亲"，并不为当时或后世恪守华夷之辨者所认同。

与"兄弟之国"相比，原本即与婚姻相连的"甥舅之国"，其概念基本没有发生变化。《全唐文》卷21载唐玄宗《亲征吐蕃制》曰：唐与吐蕃"申以婚姻之好，结为甥舅之国"。尽管明确表示在"甥舅之国"意义上"和亲"的事例出现较晚，但从"和亲"的政治效果看，通过"和亲"方式建立的甥舅关系，仅有亲属尊卑之别，而无君臣地位之差，这也是许多少数民族政权愿意在承认"甥舅之国"的前提下，接受"和亲"的原因所在。

# 二 两汉时期的和亲

　　两汉时期，汉与匈奴的关系，始终是困扰双方的重大问题。究其实质，汉匈关系主要围绕"和亲"与"征伐"两个方面展开，正如班固在《汉书·匈奴传》赞中所说，自汉兴以来，"忠言嘉谋之臣，曷尝不运筹策，相与争于庙堂之上乎！……人持所见，各有异同。然总其要，归两科而已：缙绅之儒则守和亲，介胄之士则言征伐"。所谓"和亲"与"征伐"，一直是影响汉匈关系发展趋势的关键所在。从汉匈在承认互为"兄弟之国"的前提下所实行的和亲，到经过汉武帝凛冽的军事打击之后，匈奴在称臣的前提下重新恢复与汉廷的和亲。汉匈这两种不同形态的和亲模式，为后世历代王朝实行和亲之策时，提供了一个鲜活的历史样本。

## 委曲求全的和亲之策

　　公元前3世纪左右，正当中原七国为争夺霸权苦斗不休，一个彊悍的游牧民族——匈奴却趁势在大漠南北悄然兴起。匈奴一族，最早见于《逸周书》、《山海经》等先秦典籍，但异名颇多，如獯鬻、鬼方、猃狁、胡等。司马迁在《史记·匈奴列传》中详细追述匈奴族早期的历史，始定名为"匈奴"。从此，这个居于中国北部边境、强悍善战的游牧民族就以"匈奴"之名出现在中国古代历史舞台之上。

公元前 221 年，秦始皇扫平诸雄，建立起中国历史上第一个统一王朝。然而在秦朝的北境，则受到来自匈奴的严重威胁，尤其是匈奴控制的河南地，直接威胁秦朝都城咸阳；于是夺取河南地，成为秦始皇用兵的首选目标。公元前 215 年，秦始皇派遣将军蒙恬统帅三十万大军北击匈奴，于次年将匈奴人逐出黄河以北，收复全部河南地。并于第三年筑 34 座县城（一说为 44 县），临河为塞，征发戍卒驻守。但是，蒙恬夺取河南地的胜利并没有维持多久，随着秦始皇的辞世，胡亥篡夺帝位，蒙恬被迫自杀。秦人苦心经营多年的北部边防顷刻间瓦解，匈奴趁机南下，兵不血刃，轻而易举地重新夺取河南地。继秦而立的汉王朝，则成为匈奴人"南下而牧马，弯弓而报怨"的对象。

高祖七年（前 200 年），由于韩王信反叛，匈奴大举入侵，太原郡治晋阳形势危急，刘邦亲自率大军前往太原郡抵御匈奴，解晋阳之围。刘邦进入平城（今山西大同）后，得知冒顿单于驻扎在距平城不远的代谷（今河北蔚县东北）一带，决定亲自与冒顿决战。而汉军经过长途跋涉、数次恶战之后已经相当疲惫，亟须休整，而且随同刘邦进入平城的只是汉军的先头部队，主要以步兵为主，后续部队和辎重尚在开往平城的途中；此时寒冷的冬季袭击北部地区，许多士兵手足已经严重冻伤，丧失了战斗能力。至于匈奴一方的情况，刘邦在到达晋阳之后，不断地派遣使者出使匈奴，刺探匈奴军情。冒顿将精兵健士与肥牛壮马藏匿起来，汉使见到的只是一些老弱之兵及羸瘦的牲畜。十多位汉使回来后，众口一词，都说匈奴软弱易击。只有郎中刘敬出使匈奴后察觉事情有诈，认为这时汉匈正处于交战状态。按照常规，匈奴理应大肆炫耀兵力以恫吓汉军；而如今匈奴故意显示出软弱的姿态，必然埋伏有奇兵，劝谏刘邦不要出击匈奴。但是，此时汉军已经越过句注山，向平城进发。于是刘邦痛骂刘敬妄图阻止大军，将他囚禁在广武（今山西代县西南），预备击溃匈奴后再治其罪。

就在刘邦率领汉军刚刚离开平城不久，东北向行至白登山一带，陷入匈奴设置的圈套之中，汉军被匈奴四十余万大军围困在白登山达七日之久。据说陈平向刘邦献上"秘计"，让画匠绘出一张身态婀娜、容貌清秀的汉族女子的画像，派出使者潜出匈奴的包围圈，携带厚礼，暗中贿赂冒顿单于的阏氏，并且向阏氏展示美女像，告诉阏氏说汉皇帝欲和冒顿单于和好，将献此美女与单于。阏氏非常害怕汉女与其争宠，对冒顿说："两主不相困。今得汉地，而单于终非能居之也。且汉主亦有神，单于察之。"冒顿听从阏氏的劝告，解开包围圈的一角，让汉军撤出。

汉高祖八年（前 199 年），就在刘邦返回长安的途中，冒顿单于又把攻击的锋芒对准代国。刘邦之兄、代王刘喜弃国仓皇外逃。这一事件又一次震动刘邦，面对匈奴强劲的攻势与北境混乱的局势，刘邦却苦无良策应对，正是在这种局势下，刘敬不失时宜地献上"和亲"之策。

刘敬，原名娄敬，原是齐地一名戍卒，因献定都长安之策而颇得刘邦赏识，赐姓刘。刘敬因平城之战前曾出使匈奴，对于当时汉匈双方力量的对比，以及匈奴的习俗有较为清醒的认识，以为是时"天下初定，士卒罢于兵，未可以武服也。冒顿杀父代立，妻群母，以力为威，未可以仁义说也"。因此，臣服匈奴最好的方式只能是"和亲"。刘敬建议曰：

> 陛下诚能以适（嫡）长公主妻之，厚奉遗之，彼知汉适女送厚，蛮夷必慕以为阏氏，生子必为太子。代单于。何者？贪汉重币。陛下以岁时汉所余，彼所鲜，数问遗，因使辩士风谕以礼节。冒顿在，固为子婿；死，则外孙为单于。岂尝闻外孙敢与大父抗礼者哉？兵可无战以渐臣也。

此外，刘敬还特意告诫刘邦，如果不以嫡长公主和亲，而以宗室女冒充公主出嫁，一旦被匈奴得知真情，必然有害无益。

刘敬当然孰知冒顿是如何射杀父亲而登上单于宝座，备受宠爱的阏氏又是如何被转送给东胡王的故事。所谓以长公主之子继位单于的设想，实际反映的则是汉人"子以母贵"的思想，套用的是春秋时"秦晋之好"的模式，然秦晋还是于殽地大战，可证"岂尝闻外孙敢与大父抗礼者"云云，仅是一种良好愿望而已。刘邦最终未遣长公主出塞，不单是由于吕后的哭阻，或如宋人司马光所说："况鲁元（指长公主）已为赵后，又可夺乎"，清人梁玉绳所云"刘敬之言悖矣"等因素，更可能刘邦考虑其可行性甚微而未遣长公主，而以"家人子名为长公主"，使刘敬"奉宗室女公主为单于阏氏"，往结"和亲约"。

汉高祖九年（前198年）冬，刘敬奉命出使匈奴，与冒顿单于正式缔结"和亲约"。至于汉匈所结"和亲约"的具体内容，史无明载，只有一个颇为笼统的"岁奉匈奴絮缯酒米食物各有数，约为昆弟以和亲"的约定。汉匈互通关市，虽然没有见于刘敬与匈奴缔约的原始记载，但据《史记·匈奴列传》载："孝景帝复与匈奴和亲，通关市，给遗匈奴，遣公主，如故约。"其中反映出"通关市"，应是汉匈和亲"故约"的一个重要组成部分。如是，汉初与匈奴缔结的"和亲约"，即所谓"故约"，当由汉遣宗室女"约为昆弟以和亲"，"岁奉絮缯酒米食物各有数"，以及"通关市"等三项约定组成。终高祖之世，中经惠帝、吕后、文帝、景帝，直至武帝元光二年（前133年），汉廷全面发动对匈奴战争时止，以"故约"为基础的"和亲"成为汉匈交往的基本政策，实行了六十多年的时间。

显然，汉初所实行的和亲政策，是在汉匈双方力量处于不平衡的状态下，不得不采取的委曲求全，以女子金帛换取边境暂时安宁的政策。为实行这一政策，汉廷曾经付出巨大的代价，每年都要向匈奴奉送大量的财物。虽然美其名曰"和亲"，实质上是一种变相的贡纳。而且随着时间的推移，一般的物品已经不能满足匈奴愈加贪婪的欲望，不仅贡纳的品种不断地增加，金帛絮丝等贵重物品所占的份额也越来越大。在汉初经济还十分不景气的情况下，这无疑是一个沉重的经济负担。

况且，对汉朝君臣来说，此时的"和亲"是在平城之战惨败阴影的笼罩之下不得已而采取的一种权宜之策，不仅在经济上蒙受巨大的损失，而且对历来恪守华夷之辨的汉人心理也是一个异常沉重的打击。汉文帝时，著名政论家贾谊在上疏陈述政事时说：汉天子为天下之首，而匈奴不过是天下之足，如今堂堂的中原大国竟然受制于人口不及汉地一大县的区区匈奴，这种本末倒置、足居首上的怪异现象真是令人痛心疾首，可为流涕叹息。这种深深潜伏在许多汉人中间对所谓"蛮夷"轻蔑的心理，连汉匈和亲时结为"兄弟"的约定从内心深处都不愿意接受，更何况汉廷每年还要向匈奴贡纳大量的财富，乞求与匈奴和好；而在匈奴一方，长期的游牧狩猎生活，已经形成一种崇尚武力、恃强凌弱，以攻侵掳掠为荣耀的民族性格。失败者本来就应该匍匐在胜利者的足下，贡献女子财富，是天经地义之事。冒顿单于时击败东胡，老上单于时征服西域诸国，都是如此办理的。

文帝六年（前174年），曾是汉朝宦官的中行说因不满朝廷强迫其奉送宗室女至匈奴与老上单于和亲，到大漠后就归降匈奴，成为老上单于的亲信谋臣。他在反驳汉使对匈奴习俗的责难时说：匈奴从来都是以攻战为事业，本来就不需讲求什么礼义。汉廷每年须将向匈奴输送的缯、絮、米、蘖准备好，数量要充足，质量应完好，何必喋喋不休地指责匈奴的习俗。否则，等到秋高气爽、牛肥马壮之时，匈奴的战马就要驰骋在中原，践踏汉人的庄稼了。言语虽然简略，意思却非常明确，表明所谓的"和亲"对匈奴也不存在着多少约束力。据史料记载，高帝、惠帝、吕后、文帝、景帝时，汉朝多次以宗室女嫁与匈奴冒顿、老上、军臣单于，这些肩负"和亲"重任的汉族姑娘至匈奴后的命运如何，在史料中没有留下任何痕迹，甚至连名字也无人知晓，仅此一端，就不难判断汉初和亲的效果如何。

尽管汉初诸帝奉行与匈奴和亲的政策，每年都要遭受巨大的财政损失，把大量的财富通过和亲的方式转输到匈奴权贵的庭帐之中，但是仍然不能保障北方地区的安宁及百姓生命财产的安全。特别是制作精美的缯絮等物品进入匈奴，反而在一定程度上刺激了匈奴权贵的贪欲。为了攫取更多的财富，当时位于北境的陇西、北地、上郡、云中、代郡、上谷、辽东等郡，经常受到匈奴军队的侵略，正如文帝六年（前174年）答复冒顿单于书中所说：汉与匈奴结为兄弟，馈赠单于财物甚为丰厚；而不守盟约、间离兄弟之情的责任常常在匈奴一方。虽然如此，汉中央政府在国力还没有完全恢复的情况下，特别是在异姓诸侯王被铲除，同姓诸侯王又取而代之，成为一股新的割据势力之后，所面临的是如何"削藩"与平定诸侯王武装反叛、巩固中央集权的问题，而应付匈奴的侵扰只能被摆在一个次要的位置上，采取一种消极防御的姿态。这就是文帝时期在屡次遭受匈奴侵掠欺辱之后，却始终委曲求全，坚持与匈奴和亲的关键所在。

当然，汉匈和亲的作用并不完全都是消极的，特别是关市的开通，匈奴用畜产品与汉民族地区交换农产品和手工制品，尤其是金属器具，对于改变匈奴单一的畜牧业经济结构，以及对汉匈经济的发展、文化的交流、民间的往来都有一定益处。汉匈双方结为"兄弟"，以长城为界，彼此自守，互不侵犯，这也是一项有利于汉匈两族人民安居乐业、各得其所的明智措施。特别是在景帝时期，随着吴楚七国之乱平定，中央集权得到进一步加强，汉初以来内部分裂势力与匈奴相互勾结的现象消除，汉军得以集中力量防御匈奴的侵扰。匈奴咄咄逼人的攻势基本被遏止。虽然边境小规模的侵扰依旧不断，但深入到中原大规模的入侵基本上没有再发生。

## 呼韩邪单于和亲与昭君出塞

在汉初实施和亲政策的六十多年中，汉匈关系基本处于既没有爆发全面的战争，边境冲突却又连绵不断，和亲约定不断被撕毁，又不断得以恢复的状态之中。这种欲战不能、欲和不亲的现象，从汉匈战争的全过程观察，表明此时汉匈双方正处于战略上的对峙阶段。随着汉朝国力的全面恢复，特别是武帝之即位，汉匈之间的战略决战也就势不可免。

元光二年（前133年），汉军于雁门郡马邑（今山西朔县）设伏匈奴，正式揭开汉匈长期战争的序幕。在历经元朔二年（前127年）河南战役、元狩二年（前121年）河西战役，以及元狩四年（前119年）漠北战役的持续打击后，匈奴纵横大漠之上的精锐甲骑损失严重，势力更趋衰弱；而且所控制的河南、河西战略要地相继丧失。匈奴单于只得远遁于自然条件不及漠南优越的漠北地区，再无实力继续大规模侵扰汉朝北部边塞。同样，汉廷"深入匈奴，穷追二十余年"，虽然彻底扭转了汉匈战争的态势，但也付出"海内虚耗，户口减半"的惨痛代价。曾在汉初实行六十多年的和亲策略，此时又被汉匈双方重新提及，但和亲的条件已经发生实质性变化。

元鼎年间（前116～前111年），匈奴乌维单于数遣使"好辞甘言求和亲"，汉廷答以"即欲和亲，以单于太子为质于汉"。将遣太子入汉为质作为和亲的前提条件，则意味着匈奴臣服于汉，当然不能为乌维单于所接受。征和四年（前89年），狐鹿姑单于再次要求汉朝继续履行和亲"故约"，自诩为"天之骄子"，"今欲与汉闿大关，取汉女为妻，岁给遗我蘖酒万石，稷米五千斛，杂缯万匹，它如故约，则边不相盗矣"。对于匈奴无视双方实力已经发生根本变化，仍坚持在

"故约"的基础上增加许多财物，方能考虑与汉和亲的强硬态度，汉武帝没有理睬。狐鹿姑单于见虚言恫吓没有取得任何实际利益，不得不重新考虑与汉廷复议和亲之事。

昭帝始元二年（前85年），狐鹿姑单于没有来得及与汉商议和亲就重病缠身，临终前忧虑其子年幼，不能治国，遗言命其弟左谷蠡王为单于。狐鹿姑单于去世后，颛渠阏氏（单于正妻）与卫律合谋更改单于遗命，立其子右谷蠡王为单于，即壶衍鞮单于。左贤王（狐鹿姑单于子）、左谷蠡王因不得立，心怀怨恨，于是率部众分归各自辖区，不肯再至龙城聚会。匈奴最高统治层因争夺单于之位公开发生分裂，开启宣帝五凤年间匈奴大规模内讧——五单于争立的政治纷争。

神爵四年（前58年），初立不久的握衍朐鞮单于曾遣使入汉，请求"复修和亲"。和亲尚未议出结果，握衍朐鞮单于就在匈奴内讧中兵败自杀，握衍朐鞮单于之弟右贤王等拥立日逐王薄胥堂为屠耆单于。五凤元年（前57年）秋，屠耆单于命令原日逐王先贤掸兄左奥鞬与乌藉都尉各率两万骑驻扎在东方，以防备呼韩邪单于。此时，西方呼揭王与唯犁当户共同诬陷右贤王欲自立为乌藉单于。屠耆单于盛怒之下，将右贤王父子一同杀掉。后来屠耆单于知道右贤王蒙冤而死，又诛杀唯犁当户。呼揭王得知消息后，大为恐惧，于是举兵反叛，自立为呼揭单于；右奥鞬王也不甘寂寞，自立为车犁单于；乌藉都尉亦自立为乌藉单于；加上原有的屠耆、呼韩邪两位单于，一共出现五位单于。

五单于争立，致使匈奴统治阶层内部及各部落之间的争斗愈加激烈。

当匈奴五单于争立的消息传到汉廷之后，许多大臣都主张趁匈奴内乱之机，发兵攻击，一举消灭匈奴，彻底解决边患问题。宣帝犹豫不决，征询御史大夫萧望之的意见。萧望之坚决反对出兵，以为"前单于（指握衍朐鞮单于）慕化乡善称弟，遣使请求和亲，海内欣然，夷狄莫不闻。未终奉约，不幸为贼臣所杀，今而伐之，是乘乱而幸灾也，彼必奔走远遁。不以义动兵，恐劳而无功"。宣帝采纳了萧望之的建议，拒绝出兵征伐，从而避免一场可能重新爆发的汉匈战争。

就在汉廷群臣在庙堂之上争论是否出兵之时，匈奴五单于正在战场上厮杀得难解难分。屠耆亲自率兵攻打车犁，命令都隆奇统兵攻打乌藉。车犁、乌藉两单于兵败，逃往西北，与呼揭合兵后还有四万多人。为了与屠耆对抗，乌藉、呼揭自动除去单于之号，共同辅佐车犁单于。屠耆闻知这一消息，命令左大将、都尉率四万骑屯守东方，防备呼韩邪袭击；自己率领四万骑向西北出击，攻打车犁。车犁再次兵败，继续向西北方向逃走。

匈奴西北方面的战争方告一个段落，战火又在东方熊熊燃起。五凤二年（前56年），呼韩邪单于趁屠耆单于远征车犁未归的时机，派遣其弟右谷蠡王偷袭屠耆在东方的屯兵，杀掠一万多人。屠耆得知后，立刻率领六万多骑星夜东归，企图一举歼灭呼韩邪。一场激烈的厮杀之后，屠耆一败涂地，自杀而死。车犁闻知呼韩邪战胜屠耆，除去单于之号，率部东归，归降呼韩邪单于。至此，匈奴五单于争立的局面宣告结束，呼韩邪单于再次统一匈奴。

呼韩邪单于虽然取得胜利，但处境仍是极其艰难。经过五单于争立的混战之后，匈奴数万人丧生，牲畜损失十之七八。呼韩邪单于的部下左大将乌厉屈与其父乌厉温敦见匈奴大乱，遂率领数万部众投降汉朝，都被封为列侯。等到呼韩邪单于再次重归单于庭时，残余的部众仅有数万人，势力衰弱到极点。然而，就是这样窘迫的局面也没容许呼韩邪单于维持多久。在单于庭西边，屠耆单于的堂弟休旬王自立为闰振单于。然而更使呼韩邪单于没有想到的，在单于庭东边，曾被他一手扶持登上左谷蠡王王位，后又晋升为左贤王的兄长呼屠吾斯竟然也同室操戈，自立为郅支骨都侯单于。继五单于争立之后，匈奴又出现三单于鼎立的形势。

五凤四年（前54年），匈奴三单于鼎立的短暂平衡的局面被打破，兼并战争再次在大漠之上爆发。闰振率先发兵东攻郅支，不料兵败被杀。随后，郅支率领得胜之师进攻单于庭，呼韩邪兵败，被迫再次放弃单于庭南撤。郅支占据单于庭后，与撤到漠南地区的呼韩邪遥相对峙，匈奴又分裂为南北二部。

呼韩邪单于在短短的二年之中两次被逐出单于庭，部众牲畜损失殆尽，处境愈加困难，何况北有郅支，南有汉朝，不论受哪一方的攻击，都足以使他遭受灭顶之灾。此时的形势非常清楚：呼韩邪如果向郅支投降，无疑是自寻死路；若是主动称臣归附汉朝，不仅可以免除来至南方的威胁，得以集中力量对付郅支，而且还能得到汉朝中央政府的支持，平定郅支，挽回败局，统一大漠。属下左伊秩訾王也劝呼韩邪称臣归附，遣子入侍，从汉求助，以定匈奴。

但是，匈奴自冒顿单于统一大漠以来，已在塞北称雄一百五十多年。历代单于都自誉为"天之骄子"，号称"百蛮之长"，与汉天子分庭抗礼，以兄弟相称。虽然在汉初六十多年间，匈奴曾经数次与汉和亲，然而一直都是汉朝遣翁主出塞，每年奉送大量财物，而匈奴连不侵掠汉朝边境的盟约都没有能够履行。即使是在武帝时期连续遭受巨大打击，势力大衰之后，虽然匈奴几位单于均表示出愿意重新与汉朝和好的意图，然而都坚持在"故约"的基础之上恢复和亲，决不肯臣服于汉。呼韩邪单于此时若不是到了山穷水尽的地步，也不可能违背匈奴祖制与习俗，以藩臣自居。呼韩邪单于深知此举关系重大，故而召集群臣与氏族贵族商议，引发一场激烈的争论。许多反对附汉的大臣认为：

> 匈奴之俗，本上气力而下服役，以马上战斗为国，故有威名于百蛮。战死，壮士所有也。今兄弟争国，不在兄则在弟，虽死犹有威名，子孙常长诸国。汉虽强，犹不能兼并匈奴，奈何乱先古之制，臣事于汉，卑辱先单于，为诸国所笑！虽如是而安，何以复长百蛮！

以左伊訾王为首的赞成附汉的大臣则认为：

强弱有时，今汉方盛，乌孙城郭诸国皆为臣妾。自且鞮侯单于以来，匈奴日削，不能取复，虽屈强于此，未尝一日安也。今事汉则安存，不事则危亡，计何以过此！

最终呼韩邪单于采纳左伊秩訾王的建议，率领部众南下接近汉边塞，于甘露元年（前53年）春遣其子右贤王铢娄渠堂为侍子入汉，同年冬又遣其弟左贤王朝汉。一年之内两次遣地位仅次于单于的权贵人物入汉，表达了呼韩邪单于迫切要求附汉的愿望。

匈奴单于将亲自入汉朝见，请求归附，预示着汉匈关系将发生根本性的变化；特别是在郅支单于尚占据漠北的情况下，汉朝接纳呼韩邪单于归附，可以在漠南扶持起一支亲汉的力量，以减缓郅支对边塞的骚扰。正是出于这样的考虑，宣帝格外重视呼韩邪单于的朝见，命令群臣商议朝见时的礼仪，最后采纳了太子太傅萧望之的意见，决定以客礼待之，位在诸侯王之上；同时，派遣车骑都尉韩昌为专使，前往五原塞迎接呼韩邪单于入京，并从五原、朔方、西河、上郡、北地、冯翊等郡直到长安，发沿途郡兵两千多人陈列护送，以示尊崇。

呼韩邪单于到达甘泉宫后，以客礼拜见宣帝，地位高置在诸侯王之上，称"臣"而不唱名。宣帝颁予呼韩邪单于黄金质的"匈奴单于玺"，表示汉朝中央政府以对臣下册封的形式承认呼韩邪单于为匈奴的最高首领，确定了匈奴地方政府隶属于中央政府的政治关系；同时考虑到匈奴多年来统治大漠的事实以及"上气力而下服役"的民族心理，所以在印章的形式上与汉天子所用的玉玺相同，以表示与汉朝的臣属有所区别。此外，汉朝还赠给呼韩邪大量珍贵的礼物。

呼韩邪临北归时，考虑到自己势力单薄，深恐不能抗御郅支单于的进犯，试图依靠汉朝的声威以自保，同时又可以向汉朝表示真诚的归附愿望，于是又请求留在保禄塞（今内蒙古包头西北）下，如遇到紧急情况，可以为汉保卫受降城。宣帝应允了呼韩邪的请求，派遣长乐卫尉高昌侯董忠与韩昌将兵护送呼韩邪出朔方鸡鹿塞（今内蒙古磴口西北），并留于漠南护卫呼韩邪，助诛不服。汉朝又考虑到匈奴连年战乱饥荒，人民乏食，前后共调拨北边诸郡粮食三万四千多斛，以资助呼韩邪单于的部众。

大约在五凤四年与甘露元年（前54年至前53年）左右，郅支单于见呼韩邪单于兵败后率部众南下，误以为呼韩邪已经降汉，不可能再重返匈奴，于是率兵西下，意图平定匈奴右地。郅支在平定了匈奴右地后，闻知呼韩邪单于因附汉而得到朝廷的大力支持后，郅支深恐自己受到呼韩邪与汉朝的联合攻击，所以特别重视呼韩邪与汉朝交往的动向。就在甘露元年呼韩邪遣子入汉为侍子的同时，郅支亦遣其子右大将驹于利受入汉，以示与汉和好之意。

对于郅支与呼韩邪竞相归附之争，汉朝最初并没有显示出厚此薄彼的倾向，而是采取兼容并纳的态度，依礼厚待双方的侍子。但是，郅支单于终究是远在漠北，中间又有呼韩邪的阻挠，与汉朝的联系与沟通远不如在漠南的呼韩邪那样快捷便利；再者，郅支又自恃势力比呼韩邪强盛，所以附汉的愿望也不如呼韩邪那样诚恳急迫。虽然在甘露三年、四年，郅支单于两次遣使奉珍宝入汉朝献，但是汉朝因为呼韩邪单于的亲自入朝而逐渐疏远郅支，对于呼韩邪的使者则更为优待，开始冷落郅支的使者。

呼韩邪对郅支与汉朝通好的动态也非常重视，为了巩固与汉朝已经建立起来的友好关系，黄龙元年（前49年）春正月，呼韩邪再次入汉朝见宣帝，受到与初次入汉时的礼遇与赏赐。同年十二月，宣帝去世，元帝即位。初元元年（前48年）六月，呼韩邪上书宣称民众饥困，请求汉廷援助，其中也不乏试探元帝即位后对其态度的因素；元帝立即命令云中与五原郡输谷两万斛资助，以表示朝廷对他一如既往的全力支持。显然，郅支与呼韩邪在争取汉朝的支持的竞争中，已经明显不敌。

郅支单于见呼韩邪单于与汉朝的关系日益亲密，并得到朝廷出兵输谷的全力支持，自度既无法间离汉与呼韩邪的关系，又缺乏统一匈奴的实力，于是率部众从右地辗转至康居（在今哈萨克斯坦南部及锡尔河中下游）。然而，郅支在康居统治残暴，并肆意欺凌乌孙、大宛诸国，不仅激起康居贵族与百姓的怨恨，而且也直接威胁到汉朝在西域的利益。但是，元帝一直忧虑距康居路途遥远，不愿劳师远征，所以前后三次遣使至康居，劝说郅支重新归附。然而，这一切努力都被郅支拒绝。事已至此，汉朝除了动用武力之外，再也没有其他的选择。

建昭三年（前36年），代理西域都护、骑都尉甘延寿，副校尉陈汤奉命出使西域。二人矫制征发西域诸国兵及汉屯田于车师的戊己校尉兵共四万多人，分兵两路，开始了远征康居的军事行动。联军进入康居境内后，陈汤下令严禁掠夺，深得康居民心。康居的各部落首领早已痛恨郅支的残暴统治，联军因此得以顺利攻克郅支城，郅支兵败被杀，阏氏、太子、名王以下一千多人都被斩首，残余部众均成为联军俘虏。此役是西汉年间对匈奴的最后一战，匈奴残余势力彻底被从西域清除，为汉匈关系的重新调整扫清最后的障碍。

对于郅支单于之死，远在漠北单于庭的呼韩邪单于喜惧交加，反应极为复杂：喜者是郅支已死，自己最强悍的政敌在汉朝的打击下从此消失，匈奴长达二十多年讧乱不息的局面结束，大漠南北复归一统，匈奴各部落重新听命于单于庭；惧者是郅支败亡后，匈奴唯一能够牵制汉朝的力量已经不复存在。形势的急剧变化促使呼韩邪单于只能继续归附汉朝，才能确保自己统治安全。于是在建昭五年（前34年），呼韩邪单于上书元帝，以郅支已伏诛为由，愿入朝拜见天子，庆贺胜利。

公元前33年春，呼韩邪单于第三次入汉朝见，元帝礼遇赏赐如初，又加赐衣服、锦、帛、絮等物品。与前两次不同的是，此次朝汉，呼韩邪单于明确

*41*

表示愿为汉室女婿，元帝遂将美丽端庄的后宫"良家子"王嫱（字昭君）赐予他为妻。呼韩邪单于大喜，号王昭君为"宁胡阏氏"，意为得昭君可使匈奴永远安宁。

所谓"良家子"，汉时泛指不是出身于"医、巫、商贾、百工"的子女。关于王昭君的身世及和亲经过，《汉书·匈奴传》仅有"元帝以后宫良家子王嫱字昭君赐单于"寥寥数语，不甚清楚。《后汉书·南匈奴传》则将昭君出塞的故事补缀完成：

> 昭君字嫱，南郡人也。初，元帝时以良家子选入掖庭。时呼韩邪来朝，帝敕以宫女五人赐之。昭君入宫数岁，不得见御，积悲怨，乃请掖庭令求行。呼韩邪临辞大会，帝召五女以示之。昭君丰容靓饰，光明汉宫，顾景裴回，竦动左右。帝见大惊，意欲留之，而难于失信，遂与匈奴。

现在已经无法，也无须考证这一故事的真实性。呼韩邪单于和亲与昭君出塞，在汉匈和亲史上是一个具有标志性的重大事件，意味着汉初实行六十多年被动和亲模式的终结，开启在匈奴臣服的前提下汉匈和亲的另一种模式。汉廷终于掌握了和亲的主动权，为其后汉匈和平相处六十余年奠定基础。正如班固在《汉书·匈奴传》中所说："是时边城晏闭，牛羊布野，三世（指元帝、成帝，哀帝和平帝）无犬吠之警，黎庶（百姓）亡干戈之役。"

汉匈和亲后，呼韩邪单于又上书表示愿为汉保卫东起上谷，西至敦煌的边塞，请求汉朝撤罢戍守边塞的士卒，以休养汉朝百姓。元帝命群臣商议，最后采纳议郎侯应的意见，本着"安不忘危"的精神，以中原四周皆有关梁障塞，并非单为防御匈奴，同时也防止境内不法之徒出塞滋事为由，婉言谢绝了呼韩邪单于的请求。元帝为了庆祝诛灭郅支的胜利及呼韩邪单于的来朝和亲，汉匈再不以兵革相见，边境从此永远安宁，故改元为"竟宁（前33年）"，以志纪念。

昭君出塞之后，与呼韩邪单于生有一子。呼韩邪单于死后，昭君又遵从成帝的诏命，按匈奴习俗改嫁呼韩邪之子复株累单于为妻，生有二女。在漠漠的塞北之上，昭君住穹庐、着皮裘，食肉饮酪，生儿育女，最后死于异乡他邦。昭君死后，其子女继续为汉匈和好而奔波。大约在宋代之前，一座"昭君墓"（在今内蒙古呼和浩特南）出现在漠南草原之上，据说此墓终年被青草覆盖，故以"青冢"命名。千百年来，"青冢"历经寒暑，青草茵茵，默默地向世人传诵着"昭君出塞"的故事。数百年后，唐代诗人杜甫路过据说是昭君家乡的今湖北荆门县，触景生情，为后世留下一首令人回味隽永的诗作：

群山万壑赴荆门，生长明妃尚有村。一去紫台连朔漠，独留青冢向黄昏。画图省识春风面，环佩空归月夜魂。千载琵琶作胡语，分明怨恨曲中论。

### 3 "断匈奴右臂" ——汉与
乌孙的和亲

西汉时期，在天山北麓的伊犁河上游与伊塞克湖一带的绿洲之中，曾经活跃着一支既与匈奴结为盟友，又与汉朝和亲，因得到匈奴的支持而复国，后又与匈奴反目相攻的游牧民族——乌孙。

关于乌孙早期坎坷的迁徙历史，据《汉书·张骞传》的记载，大约在西汉初期，乌孙人原先游牧于敦煌、祁连之间，与月氏人为邻。月氏后来攻夺乌孙之地，杀死乌孙昆莫（乌孙王号，后作昆弥）猎骄靡之父难兜靡，乌孙王族与百姓均逃入匈奴避难。此时难兜靡的儿子昆莫猎骄靡尚在襁褓之中，由傅父布就翕侯抱归匈奴。猎骄靡既壮，怨恨月氏人攻杀其父，遂向老上单于请求率其父旧部寻月氏人报仇雪恨。这时月氏人已被匈奴攻破西迁，驱逐游牧于伊犁河上游的塞人，占据其地。在老上单于的支持下，昆莫猎骄靡率乌孙人西攻月氏，迫使月氏再度西迁至今阿富汗北部。昆莫猎骄靡占据伊犁河上游之后，遂定居下来，建都于赤谷城（其地不详，一说在今纳伦河上游），势力逐渐强盛。经过昆莫猎骄靡多年的经营之后，乌孙有户12万，口63万，胜兵188800，俨然是西域诸国中第一强国。

乌孙的地理位置也十分重要，"东与匈奴、西北与康居、南与城郭诸国相接（泛指为西域都护府所领的三十六国）"。虽然在老上单于死后，昆莫趁机自立，不肯再臣服于匈奴，匈奴数次袭击乌孙，均被击败，以为昆莫有神灵相助，遂不再出兵攻击。由于乌孙风俗与匈奴同，均以游牧为主，且又是在匈奴的支持下复国，因此虽与匈奴屡有不和，却仍然是匈奴在西域最为重要的与国（即盟国）。

武帝元狩四年（前119年），汉匈漠北大决战之后，匈奴远遁于漠北。武帝采纳张骞的建议，准备招乌孙返回敦煌、祁连之间故地，与乌孙联合夹击匈奴，于是派遣张骞再次出使西域，说乌孙昆莫曰："乌孙能东居故地，则汉遣公主为一人，结为昆弟，共拒匈奴"。然而，乌孙在此地定居已久，不愿重返故地，而且此时又因立王位继承人问题发生讧乱，昆莫猎骄靡年老不能自主，所以仅遣使数十人随张骞入朝答谢，同时窥探汉朝的虚实，这是乌孙首次与汉廷交通。乌孙使臣"见汉人众富厚，归其国，其国后乃益重汉"。

匈奴闻知乌孙遣使赴汉报聘后大怒，欲兴师问罪。乌孙昆莫恐怕遭受匈奴袭击，再次遣使入朝，贡献名马，明确表示愿意娶汉公主为妻，与汉朝和亲。元封六年（前105年），武帝以江都王刘建女细君为公主，厚赠奁资，远嫁乌孙。昆莫以细君公主为右夫人，同时又迎娶匈奴女为左夫人。乌孙习俗与匈奴同，皆以"左"为尊。乌孙以匈奴女为左夫人，位在右夫人细君公主之上，表明乌孙虽然已与汉廷和亲，但为了避免激怒匈奴，故而在昆莫夫人的名分上抑汉崇胡。

细君公主至乌孙后别居一宫，不能经常与昆莫相会，而且语言又不通，因此忧伤思乡，作歌曰：

> 吾家嫁我兮天一方，远托异国兮乌孙王。穹庐为室兮旃为墙，以肉为食兮酪为浆。居常土思兮心内伤，愿为黄鹄兮归故乡！

武帝闻而怜之，常遣使者携带礼物前往乌孙安抚细君。昆莫因年老，命其继承人长孙岑陬（官号）军须靡娶细君为妻。细君不愿，于是上书求归。武帝为与乌孙共击匈奴，遂敕令细君遵从乌孙习俗。细君改嫁岑陬军须靡，后生一女儿少夫。

昆莫死后，岑陬军须靡继位。细君公主不久病死，武帝又以楚王刘戊孙女解忧为公主，嫁与岑陬军须靡为妻。岑陬军须靡早卒，临终时忧虑自己与匈奴女左夫人所生子泥靡年幼，遂传位于叔父之子翁归靡，约定翁归靡死后复传位于泥靡。翁归靡继位后，复娶解忧公主为妻，生三男二女。

武帝连续遣细君、解忧公主与乌孙昆莫和亲，意图断绝匈奴"右臂"。至昭帝时期开始发挥作用，乌孙与汉朝的关系日趋密切，逐渐疏远匈奴。匈奴壶衍鞮单于见昔日的盟友竟然也倒向汉朝一边，对乌孙恨之入骨，不仅连续在汉朝北部边境制造事端，而且与车师数次入侵乌孙，欲以武力威胁乌孙与汉朝断绝关系。解忧公主因此上书求救，言"车师与匈奴为一，共侵乌孙"。就在汉公卿商议未决之时，昭帝突然病故，朝廷一时无暇出兵援助。匈奴见汉朝没有出兵，气焰更盛，出动大兵攻取乌孙的车延、恶师地，掳掠百姓牲畜，甚至遣使至乌孙强索解忧公主。宣帝即位后，解忧公主与翁归靡再次上书求救，恳请朝廷怜悯公主，出兵救助；并表示乌孙愿出精兵五万，与汉军共攻匈奴。本始二年（前72年）秋，宣帝应乌孙之请，调集十五多万大军，发动西汉时期对匈奴最后一次大规模的出征。

按照汉军的作战方针，祁连将军田广明将四万余骑出西河，度辽将军范明友将三万余骑出张掖，前将军韩增将三万余骑出云中，蒲类将军赵充国将三万余骑出酒泉，虎牙将军田顺将三万余骑出五原；另遣校尉常惠使持节监护乌孙兵，与翁归靡率乌孙五万骑西击匈奴。本始三年春，汉五路大军出塞，北击匈奴。匈奴听说汉军即将大出的消息后，远避于漠北。五将军出塞之后，远者出塞二千余里，近者出塞八百余里，均没有与匈奴主力部队相遇。五路汉军虽然没有取得显赫的战果，但在声势上震慑匈奴，在东线牵制匈奴主力，为乌孙在西线的顺利出击创造了有利的条件。在常惠的监护下，翁归靡率乌孙五万骑兵从西方进入匈奴，袭击右谷蠡王的王庭，大获全胜，斩首俘获单于父辈及嫂、居次（匈奴公主）、名王（诸部王）、犁汙都尉、千长、骑将以下四万多人，牲畜七十多万头。匈奴从此势力大衰，愈加怨恨乌孙。

同年冬天，匈奴壶衍鞮单于亲率数万骑兵袭击乌孙，试图报仇，虽然掳掠乌孙一些老弱之民，但在还军的途中又遭受大雪严寒的袭击，生还者不足十分之一。就在匈奴内外交困之际，丁令攻其北，乌桓攻其东，乌孙攻其西，匈奴三面受敌，又损失数万人，马数万匹，牛羊不计其数，再加之连年饥荒，匈奴人口锐减，经济遭受严重破坏，属部纷纷瓦解，内部争权斗争也日益激化，迫使匈奴不得不重新考虑与汉和亲问题。

乌孙在汉朝的全力支持下不仅平安渡过困境，而且又大败匈奴，掳获大批人口牲畜，昆弥翁归靡因此对汉廷感恩戴德，于元康二年（前64年）上书，表示愿立与解忧公主所生的长子、"汉外孙"元贵靡为继嗣，请汉再遣公主与元贵靡结亲，宣称将叛绝匈奴，与汉"结婚重亲"。宣帝应翁归靡之请，遂以解忧公主侄女相夫为公主，置官属侍从百余人，并令相夫居上林苑中，专学乌孙语。相夫远嫁之日，宣帝亲临平乐观送行，命长罗侯光禄大夫常惠为使，护送相夫至乌孙，可见汉廷对相夫此次与乌孙和亲极为重视。不料相夫一行刚行至敦煌时，翁归靡病死，乌孙贵族违背翁归靡与汉朝和亲之约，遵从岑陬军须靡遗约，拥立岑陬军须靡与匈奴妇所生子泥靡代为昆弥。这一突发事变，打乱了汉廷精心的部署，宣帝于是召回相夫公主。

泥靡继为昆弥后，复娶解忧公主为妻，又生有一子。泥靡性情狂暴，故号"狂王"。由于泥靡与解忧公主性情不和，公主遂与汉使者卫司马魏和意、副使任昌等合谋，准备趁泥靡置酒款待汉使时刺杀之。不料行刺未果，泥靡受伤后逃遁，其子细沈瘦遂发兵围困公主及汉使于赤谷城数月。西域都护郑吉发诸国兵救之，始解其围。汉廷为尽量弥补与乌孙的和亲关系，斩杀汉使魏和意等，并遣医持药竭力救治泥靡。

然而，刺杀泥靡的行为还是在乌孙引发许多贵族的不安与不满，翁归靡胡妇所生子乌就屠与一些乌孙贵族出走赤谷城，屯居北山中（今天山山脉），并扬言其"母家"匈奴大兵将至，于是乌孙许多民众纷纷投靠乌就屠，致使其势力骤增。甘露元年（前53年），乌就屠起兵袭杀"狂王"泥靡，自立为乌孙昆弥。汉廷震怒之下，遂遣破羌将军辛武贤率大军至敦煌，转输粮谷，准备以武力征讨乌就屠。

就在汉廷与乌孙几乎兵戎相见的关键时刻，早年随同解忧公主和亲乌孙的侍女冯嫽居间发挥了重要的调解作用。冯嫽虽然只是解忧公主的一位侍女，但"能史书，习事"，颇具外交才干，经常作为解忧公主的使者，持节"行赏赐于城郭诸国"之间，深受诸国民众敬爱信服，尊称为"冯夫人"。冯嫽的丈夫为乌孙右大将，与乌就屠关系素来亲密，西域都护郑吉遂遣冯嫽往见乌就屠，喻以利害，劝说不要与汉廷为敌。

因为害怕汉廷可能兴师问罪，乌就屠表示愿意接受汉廷封号，奉解忧公主与翁归靡所生长子元贵靡为大昆弥，自己为小昆弥。宣帝为此特意征召冯嫽返回长安，亲自询问乌孙形势，并遣使者护送冯嫽，锦车持节重返乌孙，代表朝廷处理乌孙事宜，于是立元贵靡为大昆弥，乌就屠为小昆弥。不久，大昆弥元贵靡病死，其子星靡继为大昆弥。因星靡年幼，冯嫽再次受命担负起监护星靡的重任。为防止大小昆弥为争夺民众再起争端，汉廷遣长罗侯常惠率三校尉驻屯赤谷城，为二昆弥分划人民地界。从此，乌孙昆弥一直有大小之分。大昆弥亲汉，小昆弥亲匈奴，两昆弥经常争斗不止。汉廷为调整与两昆弥的关系，费尽心机，谨慎地维系着与乌孙的和亲关系。

自武帝太初年间以妙龄少女和亲乌孙的解忧公主，在异域他乡生活五十多年，生儿育女，历经坎坷磨难，至甘露三年（前51年），已是年逾七十的老妪，思乡日切，上书请求归葬汉地。于是被宣帝迎还长安，赐予田宅奴婢，"奉养甚厚，朝见仪比公主"。两年后，解忧公主去世，随来长安的孙辈三人留守坟墓。在汉代众多的和亲女性中，解忧公主是唯一一位生前返归汉地，葬于故乡者。

自汉武帝时相续遣细君、解忧公主和亲乌孙，不仅成功地实现了断绝匈奴右臂的战略目标，而且在沟通汉地与西域经济、文化交流方面也发挥了巨大作用。细君公主由于去世较早，其女少夫事迹不详；解忧公主则在西域活动五十多年，育有诸多子女，除其长子元贵靡为乌孙大昆弥外，少子大乐为乌孙左大将，次子万年因深得莎车王喜爱，在莎车王死后，"莎车国人计欲自托于汉，又欲得乌孙欢心"，上书请立是时尚在汉地的万年为莎车王。宣帝应允莎车请求，遣使护送万年至莎车继王位。长女弟史为龟兹王绛宾妻，少女素光为乌孙若呼翎侯妻，在乌孙以及西域政局变动中或多或少都发挥了一定的作用。

　　龟兹王绛宾娶解忧公主女弟史为妻，则有一段戏剧性的经历，不仅是和亲史上的一则佳话，也是改变汉匈争夺西域格局的另一重要事件。

　　龟兹在西域"三十六国"之中，是人口最多、势力最为强盛的城郭国家。龟兹地处玉门关至葱岭要冲之上，是丝路北道上一个重要的中转枢纽，其西北与乌孙相接，东北与在匈奴严密控制下的车师相近，其东与匈奴僮仆都尉所领的焉耆、危须、尉黎诸国相邻。特别是在乌孙与汉和亲后，匈奴更加重视对车师、焉耆、危须、尉黎诸国的控制。这种特定的地理位置，决定了龟兹在汉匈争夺西域的过程中，必然要扮演除乌孙之外另一重要角色。

　　早在武帝时期，汉匈争夺大宛、车师诸役中，龟兹游移于汉匈之间，当是西域问题长期不决的因素之一。先是龟兹先王臣属匈奴，经常攻杀汉使。贰师将军李广利伐大宛取得胜利后返京，途中路过扜弥（王治今新疆于田附近），得知扜弥太子赖丹在龟兹当质子。李广利深责龟兹王，并将赖丹带到京城长安。征和四年（前 89 年），搜粟都尉桑弘羊等联名上奏，请在尉黎以西的轮台扩展原有屯田规模，修建亭障，"以威西国（泛指西域诸城郭国），傅乌孙"。武帝则答以"深陈既往之悔"著名的"轮台诏"，否决桑弘羊扩屯轮台的上奏，但"威西国，傅乌孙"的总体战略目标并没有改变。正是在这种背景之下，汉廷开始关注位于乌孙与轮台、渠犁之间的龟兹国。

　　元凤四年（前 77 年），汉昭帝重新采纳桑弘羊旧议，在轮台复开屯田，并以扜弥太子赖丹为校尉，负责其事。龟兹贵人姑翼劝说对龟兹王说，赖丹本来是臣属于我，现在却佩带汉印绶而来，屯田于轮台，必然为害龟兹。于是龟兹王袭杀赖丹。汉朝闻讯后欲攻伐龟兹，但因路途遥远而作罢。

龟兹老王谢世后，其子绛宾继位，对汉廷态度逐渐发生变化。本始年间，宣帝应乌孙昆弥及解忧公主之请，遣度辽将军范明友等五将军北击匈奴。又命校尉常惠持节监护乌孙兵五万，从西方击匈奴。常惠击破匈奴之后，遂以"龟兹国尝杀校尉赖丹，未伏诛"为由，"发西国兵二万人，令副使发龟兹东国二万人，乌孙兵七千人，从三面攻龟兹"。在常惠麾指诸国兵锋的威胁下，龟兹王绛宾不得终止在汉匈之间"两属"的状态，决心与汉朝和好。

本始三年（前71年），龟兹王绛宾先遣使至乌孙，请求娶解忧公主与和乌孙昆弥翁归靡所生的女儿弟史为妻，以便同汉朝及乌孙结成亲密关系。此时，适逢解忧公主遣弟史到京师长安学鼓琴，路过龟兹。绛宾遂留住弟史，再遣使赴乌孙求婚，得到解忧公主的应允。其后，解忧公主上书，愿令女儿弟史得比宗室入朝；绛宾深爱夫人，亦上书言"得尚汉外孙为昆弟，愿与公主女俱入朝"。

元康元年（前65年），龟兹王绛宾与夫人弟史一同入朝朝贺，朝廷授绛宾与夫人金印紫绶，赐予车骑旗鼓，歌吹数十人。绛宾与夫人在长安留居长达一年，回国时又厚赠送之。其后，绛宾与夫人又数次来京朝贺，深受汉文化熏陶，喜汉家衣服制度，归国后"治宫室，作徼道周卫，出入传呼，撞钟鼓，如汉家仪"。绛宾在龟兹仿效汉制，在西域诸国中引起轰动与嘲讽，外国胡人皆曰："驴非驴，马非马，若龟兹王，所谓骡也。"这些议论，反而更加坚定绛宾继续实行汉制的决心。

龟兹王绛宾态度的转变，对于汉匈争夺西域格局的变化起到至为关键的作用，彻底免除了汉廷后顾之忧，得以与匈奴全力夺车师。就在龟兹王绛宾及夫人朝汉的同年，位于南道的莎车（治今新疆莎车）故王之弟呼屠征攻杀莎车王——乌孙公主少子万年及汉使奚充国等，自立为王，并趁匈奴攻打车师之际，"遣使扬言北道诸国已属匈奴矣"，一时南北二道俱乱，形势极其严峻。此时卫候冯奉世正护送大宛使者从南道归国，遂矫制发南北道诸国兵，平定莎车之乱。是时冯奉世可资利用的"南北道"兵，主要是出于早与汉廷和亲的乌孙及"新辑"的龟兹。

神爵二年（前60年，一说为神爵三年），匈奴日逐王先贤掸因与单于争权结怨，遂率其部众降汉，骑都尉郑吉"发渠黎、龟兹诸国五万人迎日逐王"，匈奴在西域的势力瓦解。郑吉因迎降日逐王，破车师，并护车师以西北道与鄯善以西南道，故号"都护"，设西域都护府于乌垒城（今新疆轮台东北）。乌垒当时属龟兹国统辖，是龟兹东面的重镇，西域都护府置于乌垒，其中自然有依托龟兹的意图在内。

绛宾死后，其子丞德继任，自称"汉外孙"，成、哀时数至长安朝贺，同样得到汉廷的厚待，龟兹始终是汉廷在西域最重要的属国之一。王莽代汉建新后，西域诸国开始瓦解，西域都护李崇"收余士，还保龟兹。数年莽死，崇遂没，西域因绝"。从李崇退守龟兹事实看，龟兹当是新莽朝在西域最后一个据点。

## 游移南北匈奴之间的东汉和亲

自呼韩邪单于在宣元年间归附汉朝之后，汉匈之间一直保持着和平相处的友好关系。呼韩邪单于死后，每位新单于继位，都要遣名王入朝贡献或遣子入侍，甚至亲自入朝。汉朝对匈奴入朝者也甚为优待，厚加赏赐。哀帝元寿二年（前1年）正月，乌珠留单于与乌孙大昆弥伊秩靡同至长安朝贺。匈奴与乌孙的首领同时入朝，这在西汉历史上是仅有的一次，朝廷也引以为荣。随着哀帝的去世，元帝王皇后（即元后）临朝称制，其侄子王莽总揽朝纲，刘汉天下实际上已名存实亡。王莽为取代汉室，对汉朝的内外政策进行了大规模的改动，史称"托古改制"，汉匈关系随之发生剧变。

始建国元年（9年），王莽经过多年经营之后终于代汉，建立新朝。为树立新朝的威信，消除汉朝在四周少数民族间的深远影响，王莽派出大批五威将为使者，周游四边，收缴汉朝颁行的印绶，更以新室的印绶，一律贬原"王"为"侯"。出使匈奴的五威将王骏等携印文为"新匈奴单于章"的新印至单于庭后，命乌留珠单于缴上汉朝故印，颁授新印。为立威于匈奴，王莽竟然改匈奴单于名为"降奴服于"，又预分匈奴土地为十五份，立呼韩邪单于子孙十五人为单于。乌珠留单于大怒，遣兵攻入云中益寿塞（位于今内蒙古土默特旗），大肆杀掠，熄灭几十年的烽火终于再度燃起。

自呼韩邪单于和亲与昭君出塞后，在匈奴统治阶层内部业已形成颇具影响的亲汉势力集团。始建国五年（13 年），乌珠留单于病死。匈奴当权大臣右骨都须卜当是昭君长女须卜居次云的女婿，一直主张与中原和好，于是拥立乌珠留单于之弟咸为乌累若鞮单于。天凤元年（14 年）七月，乌累若鞮单于遣人至塞下，声称欲见王昭君的至子和亲侯王歙，企图试探新朝对匈奴的态度。此时王莽正处内外交困之际，对于匈奴表示的和亲愿望自然喜出望外，急遣和亲侯王歙与其弟展德侯王飒出塞，厚赠重礼，恭贺单于咸继位。不久，单于咸得知其质子登已被王莽所杀，于是再次出兵大肆侵扰。天凤五年（18 年），乌累若鞮单于病死，弟左贤王舆继立单于，即呼都而尸道皋若鞮单于。王莽遣和亲侯王歙至塞下，诱骗云与须卜当及其子至塞下，胁迫至长安，强拜须卜当为"须卜单于"，欲发兵立之。单于舆得知消息，愤然发兵，在北境不断进行侵扰，新朝与匈奴的关系被破坏无遗。

更始二年（24 年）冬，更始帝刘玄为弥合被王莽彻底破坏的汉匈关系，曾遣中郎将归德侯王飒与大司马护军陈遵出使匈奴，授予单于汉旧制印玺，希望与匈奴重修往日的友好关系。然而，趁着新莽年间兵连祸结之机，重新控制西域，势力再次转盛的匈奴单于舆却声称：

> 匈奴本与汉为兄弟，匈奴中乱，孝宣皇帝辅立呼韩邪单于，故称臣以尊汉。今汉亦大乱，为王莽所篡，匈奴亦出兵击莽，空其边境，令天下骚动思汉，莽卒以败而汉复兴，亦我力也，当复尊我！

建武初年，单于舆趁东汉政权初建未稳之时，联合北边的割据势力卢芳以及乌桓和新兴的鲜卑族，大规模侵扰北境。建武六年（30年），光武帝刘秀见卢芳与匈奴侵扰不息，曾遣展德侯王飒出使匈奴，试图通好。匈奴虽然遣使回报，但单于舆以冒顿自比，侵扰北边如故。

早在呼韩邪单于北迁单于庭之后，就在漠南地区形成一个以八部大人为中心的政治集团，后归右谷蠡王伊屠知牙师统率。知牙师是王昭君与呼韩邪单于所生之子，单于舆之弟。舆以左贤王继单于位后，右谷蠡王知牙师晋为左贤王。依匈奴单于兄终弟及的继承惯例，左贤王知牙师当继舆为单于。单于舆不愿意单于之位落入与汉有较深渊源关系的知牙师之手，欲传位于其子，因此杀左贤王知牙师，改立其子为左贤王。奠鞬日逐王比见单于舆杀知牙师，口出怨言："单于继位，以兄弟言之，右谷蠡王（指知牙师）当立；以子言之，我乃前单于（指乌珠留单于）长子，当立。"建武二十四年（48年）正月，漠南八部大人共议立日逐王比为呼韩邪单于。因为比的祖父呼韩邪单于附汉得安，故而沿袭其号，以示与汉廷和好之意。匈奴从此正式分裂为南北两部。同年冬十月，单于比亲至五原塞外，表示要"永为蕃蔽，捍御北虏（指北匈奴）"。

自东汉初年以来，匈奴连年入侵，朝廷穷于应付，耗费甚巨；而今匈奴分裂，南匈奴自愿为汉保卫边塞，于汉无疑是有利之举。当时朝内一些大臣不相信南匈奴附汉的诚意，坚持利用匈奴分裂之机出兵攻灭匈奴，光武帝不允许挑起战端，于是应允南匈奴通好的请求。

由于南单于归附汉朝，北境渐趋平静。建武二十五年（49年）春正月，南单于遣使至洛阳，愿遣侍子入朝，复修呼韩邪单于和亲故约。次年春，光武帝遣中郎将段彬等使南匈奴，于五原（治今内蒙古包头西）西部塞设南单于庭，始置"使匈奴中郎将"，率兵护卫南单于。不久，南匈奴因与北匈奴交战不利，光武帝命将南单于庭徙至西河郡美稷（今内蒙古准格尔西北），命中郎将段彬等护卫南单于。

东汉初年南北匈奴并立的态势与宣帝年间极为相似。因此，宣帝与呼韩邪单于和亲而羁縻郅支单于，则成东汉朝廷处理南北匈奴关系的"故事"。建武二十七年（51年），在漠北的北匈奴处境十分困难，不仅丧失水草丰润的漠南土地，而且还时常受到北面丁令，东面乌桓、鲜卑，南面南匈奴的夹击，迫使北匈奴的势力逐渐向西域部转移。为摆脱困境，北匈奴首次遣

57

使至武威郡请求和亲。光武帝命群臣廷议，皇太子（即明帝刘庄）认为南匈奴新附，如接纳北匈奴，恐南匈奴生疑，反生事端。光武帝采纳太子之议，命令武威太守拒绝其使。次年，北匈奴再次遣使请和亲，司徒掾班彪奏曰：

> 今既未获助南，则亦不宜绝北，羁縻之义，礼无不答。谓可颇加赏赐，略与所献相当，明加晓告以前世呼韩邪、郅支行事。

"助南"而不"绝北"，正反映出东汉政府在南北匈奴之间所持的游移态度。不过在南北匈奴之间，由于南匈奴早于北匈奴归附汉廷，且已将单于庭迁至西河郡，而且南匈奴单于为获得汉廷更有力的支持，自请为汉御边，频频联合汉军及鲜卑等族出击北匈奴，阻断北匈奴南侵的路线，北境已经出现较为安宁的状态。因此，朝廷在对待南北匈奴均请和亲的态度上还是有所区别，"助南"具有实质性的内容，而不"绝北"则更多出于"礼无不答"的考虑，并没有多少实质性的内容。建武三十一年（55年），北匈奴复遣使入朝贡献，请求和亲互市。光武帝考虑到与南匈奴的关系，只是颇加赏赐，拒议和亲与互市之事，就是一明显的例证。

明帝即位之后，北匈奴似乎对和亲之事已经绝望，所以遣使入汉后，虽有和亲之名，然仅有请求互市之实。明帝不希望因拒绝交通而重起边衅，于是允许互

58

市。互市虽然对匈奴与汉民均有益处，但汉廷与北匈奴通使，引起南匈奴一些上层人士的猜疑，须卜骨都侯等暗中与北匈奴联络反叛。这一图谋被朝廷发觉，于是在永平八年（65 年）设置"度辽营"，以防须卜骨都侯的叛众与北匈奴交通。同年秋天，北匈奴果然发兵二千骑，携带马革船，准备从朔方渡过黄河迎卜骨都侯的叛众，因见汉军防范严密，失望而归。迎叛不成，北匈单于蒲奴遂发兵大肆攻掠诸边郡，焚烧城邑，杀掠吏民，河西郡县城门白天也得紧闭设防。

在北匈奴屡屡侵掠边郡的情况下，明帝决心出击北匈奴。永平十六年（73 年），汉分兵四路，同出塞击北匈奴。同时，班超开始了经营西域漫长而又艰苦的历程，试图恢复汉廷在西域中断近六十余年的统治。在汉军与南匈奴的联合打击下，北匈奴的处境更为困难，要防备汉军、南匈奴、乌桓及鲜卑的进攻。建初八年（83 年），北匈奴三木楼訾大人稽留斯等率部众三万多人至五原塞附汉，开启北匈奴部众大规模叛逃的先例。更为严重的是，北匈奴内部为争单于之位又发生分裂，其部众南下附汉者更是络绎不绝。章和二年（88 年），南匈奴休兰尸逐侯鞮单于见北匈奴势穷，遂上书请求与朝廷共同出兵攻灭北匈奴。此时章帝刚刚去世，年幼的和帝即位，窦太后临朝执政，命其兄窦宪与耿秉统兵于明年出击匈奴。

永元元年（89 年）六月，窦宪、耿秉率八千骑与南匈奴兵分三路出击北匈奴，大获全胜。此役是汉匈长达三百年的战争中最后一次战略大决战。北匈奴经

59

过这次沉重的打击之后，主力部队损失殆尽，在漠北的统治实际上已经崩溃，北单于被迫西迁，离开匈奴人曾经纵横三百余年的大漠，开始坎坷的西迁历程。

窦宪在班师途中又遣军司马吴汜、梁讽携带金帛西行，准备招降北单于。这时北单于已经逃到西海（今巴尔喀什湖）之上，吴汜、梁讽至西海后宣扬汉廷声威，劝慰北单于仿效呼韩邪单于，东归降汉。但北单于心存疑虑，不敢亲自入汉，于是遣其弟到洛阳探听虚实。窦宪见北单于不肯亲自入朝，于是遣还其弟，北匈奴请和未成。北单于见汉遣还其弟，复遣车谐储王至居延塞，最后争取汉朝遣使至北匈奴商议归附事宜，窦宪于是遣班固与梁讽前往。南单于当然不愿北匈奴与汉廷媾和，于是上书请求出兵袭击北匈奴。在汉军与南匈奴军二路夹攻下，北单于仅以身免，单于阏氏与儿女五人、部众一千多人都成为俘虏。等汉使班固、梁讽赶到时，北单于已经不知所终。

永平三年二月，窦宪见北匈奴衰微之极，决心消灭北匈奴，于是遣左校尉耿夔率大军出居延塞，围击北匈奴于金微山（今阿尔泰山）。此时北单于根本没有任何抵抗能力，与汉军一触即溃。这是汉匈战争爆发之来汉军出塞作战行程最远的一次，也是汉匈最后一次会战。北单于本来已经开始西迁，只是听从窦宪所派汉使梁讽等人的劝说后方才东归；而汉军却突然发动金微山之战，颇有些背信弃义的味道。但随着北匈奴的彻底失败，东汉政府从此结束了在与南北匈奴和亲问题上所持的游移态度。

　　然而，随着强敌北匈奴的败亡，南匈奴与汉廷的矛盾立即显现出来。永元五年（93 年），汉廷介入南单于安国与左谷蠡王师子内部矛盾，遣兵至单于庭，引发南匈奴内乱，"安国舅骨都侯喜为等虑并被诛，乃格杀安国"。是时距北匈奴败亡不足两年，汉廷就因处置不当，引发"格杀"南单于事件，其后史乘或见"南匈奴寇常山"，"南匈奴及乌桓、鲜卑寇缘边九郡"之类记载，致使朝廷穷于应付，对于维系与南匈奴的和亲关系造成不良影响。

　　综观东汉时期游移于南北匈奴之间的和亲，仅具有和睦修好的意图，再也没有通过联姻实施"和亲"的事例，这是两汉时期汉匈和亲最大区别之一。

# 三　魏晋南北朝时期的和亲

魏晋南北朝几近四百余年，是中国历史上政权更迭最为频繁的时期，诸多胡汉政权此起彼伏地出现于历史舞台之上，致使是时的政治、经济、军事、文化形势的变化更为复杂。与两汉时期相对单一的汉匈和亲模式相比，魏晋南北朝时期的和亲，几乎涵盖了当时活动于中原的所有少数民族及政权，呈现出更为纷乱复杂的形态；而且和亲发生频率之高，堪称中国古代和亲历史之最。据一些学者统计，自汉初迄清末，传统意义上的"和亲"至少发生 150 余次；而在魏晋南北朝时期，发生在众多民族与政权之间的和亲竟多达 50 余次。魏晋南北朝时期的和亲，上承两汉和亲之余绪，下启隋唐和亲之高潮，是为中国古代和亲发展史一个重要的转折时期。由于魏晋南北朝时期的"和亲"头绪繁多，关系错综复杂，不能逐一详述。以下仅就拓跋鲜卑与匈奴和亲，柔然与东、西两魏的和亲，以及突厥与北周的和亲略作表述。

## 拓跋鲜卑与匈奴的和亲

魏晋南北朝时期，拓跋鲜卑部落及其所建立的代—魏政权，无疑是当时各民族与政权中和亲最为积极的参与者。

据《后汉书·鲜卑传》记载，鲜卑原属东胡一支，因世居鲜卑山得名。自西汉初年东胡为匈奴冒顿单于所破之后，鲜卑"远窜辽东塞外，不与余国争衡，未有名通于汉"。东汉初年，匈奴南北单于更相攻伐，而鲜卑则势力逐渐转盛，曾与匈奴、乌桓联合侵扰汉之北边。建武三十年（54年），卑大人于仇贲、满头率种人属汉诣阙朝贡，被封为王与侯，系鲜卑正式接受汉朝封号之始。和帝永元年间（89~105年），在汉与南匈奴的联合打击下，北匈奴踏上辗转西迁的道路。原先一直受到匈奴役使，活动于额尔古纳河和大兴安岭北段的拓跋鲜卑趁机南迁，开始进入匈奴故地。

东汉末年，东部鲜卑首领檀石槐（约157~181年）统一鲜卑各部，"南钞汉边，北拒丁令，东却夫余，西击乌孙，尽据匈奴故地"，建立起一个强盛的鲜卑部落联盟。据《后汉书·鲜卑传》记载，东汉桓帝、灵帝年间，檀石槐屡扰汉云中、雁门及其他边郡，汉廷在军事征讨屡屡受挫的情形下，"遣使持印绶封檀石槐为王，欲与和亲"，但檀石槐拒"不肯受，而寇抄滋甚"。

东汉一朝，以"和亲"为饵，操控南北匈奴，得心应手；然而面对檀石槐的侵扰，却不得不主动提议"和亲"，其原因正如蔡邕所说："自匈奴遁逃，鲜卑强盛，据其故地。称兵十万，才力劲健，意智益生。加以关塞不严，禁网多漏，精金良铁，皆为贼有。汉人逋逃，为之谋生，兵利马疾，过于匈奴。"

檀石槐强盛之时，曾仿效匈奴的分地制度，"自分其地为三部，从右北平以东至辽东，接夫余、涉貊二十余邑为东部，从右北平以西至上谷十余邑为中部，从上谷以西至敦煌、乌孙二十余邑为西部，各置大人主领之"。檀石槐死后，鲜卑分裂为三大势力集团，一是分布在太原、雁门等地步度根集团；二是分布在幽州的代郡、上谷等地"小种鲜卑"轲比能集团；三是分布在辽西、右北平、渔阳塞外的东部鲜卑素利等集团，基本上是按照檀石槐时划定的"三部"形成不同的势力集团。在鲜卑三大集团中，以轲比能的势力最为强盛。文帝黄初五年（224年），步度根因其兄扶罗韩为柯比能诱杀，"更相攻击"，在不能战胜柯比能的情况下，试图依托曹魏以自保，因此被称为"保塞鲜卑"。曹魏青龙元年（233年），柯比能为与曹魏抗衡，"诱保塞鲜卑步度根深结和亲"，于是步度根率部众出塞，与柯比能合兵寇边。在曹魏将军秦朗的军事打击下，柯比能将逃避于漠北，"寻杀步度根"。

北方游牧民族之间自古就有相互通婚的习俗，汉初东胡王曾索取冒顿阏氏为妻，就是一明显例证。匈奴北单于西迁后，鲜卑进入匈奴故地，匈奴余种十余万落，谐辽东与鲜卑杂居共处，"皆自号鲜卑兵"，鲜卑与匈奴相互通婚的现象更加普遍。《三国志·魏志·鲜卑传》注引《魏书》所记檀石槐的神奇出身，或可为鲜卑与匈奴相互通婚提供一些信息：檀石槐之父投鹿侯"从匈奴军三年，其妻在家，有子。投鹿侯归，怪欲杀之。妻言：'尝昼行闻雷震，仰天视而电入其口，因吞之，遂妊身，十月而产，此子必有奇异，且长之。'投鹿侯固不信。妻乃语家，令收养焉，号檀石槐。"《魏书·序纪》也有类似记载，拓跋诘汾受父命南迁，历经"九难八阻"，始居匈奴故地，曾与"天女"共寝，生始祖拓跋力微，故时谚曰："诘汾皇帝无妇家，力微皇帝无舅家。"因此有学者认为，这实际上是为鲜卑与匈奴通婚抹上一层神秘的色彩。

"拓跋"一词，传统的解释一般认同《魏书·序纪》："黄帝以土德王，北俗谓土为'拓'。谓后谓'跋'，故以为氏。"即拓跋氏为黄帝后裔的说法。《宋书·索虏传》提供不同于《序纪》的另外一种解释："索头虏姓拓跋氏，其先汉将李陵后也。"《南齐书·魏虏传》则进一步解释曰："魏虏，匈奴种也，姓托跋氏……匈奴女名托跋，妻李陵，胡俗以母名为姓。"尽管《宋书》及《南齐书》所释"拓跋"一词来源并不准确，如果排除托名汉将李陵的因素外，这可能是所谓鲜卑父胡母为"拓跋"说法的最初来源。此外，《魏书·铁弗刘虎传》述大夏赫连勃勃单于先祖，匈奴南单于后裔铁弗刘虎时说："北人谓胡父鲜卑母为铁弗。"也可以反映出在南北朝时，人们普遍认同鲜卑与匈奴之间存在密切的婚姻血缘关系。

拓跋鲜卑部落进入匈奴故地后，其发展道路并不十分顺利。约在魏文帝黄初年间（220～226年），在拓跋鲜卑历史上占据重要地位的始祖神元帝力微继父诘汾为部落酋长。由于鲜卑内部发生分裂，"西部内侵，国民离散"，力微往依于同属鲜卑的没鹿回部大人窦宾。在与窦宾攻打西部的军事行动中，力微显示出卓越才干，窦宾遂将爱女嫁与力微为妻。在窦宾的支持下，力微实力逐渐恢复，"德化大洽，诸旧部民，咸来归附"。约在258年，力微南迁至定襄盛乐（今内蒙古和林格尔北），召集诸部酋长，"远近肃然，莫不畏服"。富于政治远见的力微告诸部大人曰："我历观前世匈奴、蹋顿之徒，苟贪财利，抄掠边民，虽有所得，而其死伤不足相补，更招寇雠，百姓涂炭，非长计也。"于是决计与魏和亲。始祖四十二年，即魏景元二年（261年），力微遣子沙漠汗入魏献贡，"因留为质"，从而得到魏人的支持，"奉遗金帛缯絮，岁以万计"。魏晋禅代后，力微继续与西晋"和好仍密"。

始元帝力微与没鹿回部大人窦宾结亲，是其整合鲜卑诸部，恢复拓跋鲜卑实力重要的一步；而迁居定襄盛乐，始与魏，继与晋和亲结好，又为拓跋鲜卑的进一步发展创造出良好的外部环境。《魏书·序纪》称至昭皇帝禄官时，拓跋鲜卑实力剧增，其中一个重要原因就在于"自始祖（指力微）以来，与晋和好，百姓乂安，财畜富贵，控弦骑士四十余万"。

力微通过与窦宾结亲，以及与魏晋"和亲"，取得良好的效果，其中是否汲取柯比能与步度根始"和亲"而旋杀之，两败俱伤；檀石槐拒与东汉"和亲"，从而陷入与汉军长期缠斗不息之教训，由于史料所限，不敢遽定。宋元时人胡三省注《资治通鉴》景元二年力微遣子入魏事曰："鲜卑柯比能与魏为敌者矣。柯比能死，北境差安，而拓跋氏盛矣，为后魏张本。"可见胡氏也认为与魏为敌的柯比能死后，力微与魏和好，是北境形势趋于安宁，拓跋氏开始强盛之始。

如果说始元帝力微迁居盛乐，与魏晋和亲，是为"后魏（即北魏）张本"；而平帝七年，即晋惠帝元康三年（293年），平帝拓跋绰嫁女与匈奴宇文部大人普拔之子丘不懃为妻，则是传统意义上拓跋鲜卑与匈奴"和亲"之始。

汉魏之际，鲜卑虽入居匈奴故地，但匈奴势力依然强盛，并且源源不断进入塞内，在当时政治舞台上十分活跃。西晋一朝，郭钦、江统等人屡次上书，建议将已经迁居塞内的"诸戎"再迁塞外，即所谓"徙戎"；而矛头所指，主要是迁居五原、云中、西河诸郡的"本实匈奴"的"并州之胡"，由此可见匈奴强势之一斑。平帝拓跋绰与之"和亲"的宇文莫槐部，《魏书》称："匈奴宇文莫槐，出于辽东塞外，其先南单于远属也，世为东部大人，其语与鲜卑颇异。"又据《后汉书》，东汉和帝年间，窦宪击破北匈奴后，"鲜卑因此转徙据其地。匈奴余种留者尚有十余万落，皆自号鲜卑"。可见所谓宇文部不是出自东胡——鲜卑族群，而是源自匈奴而后糅合鲜卑血统的部族，因此《魏书》称之为"匈奴宇文"。本文正是在这一意义上使用匈奴宇文部的概念。

《魏书·序纪》记此次"和亲"曰："匈奴宇文部大人莫槐为其下所杀，更立莫槐弟普拔为大人，帝以女妻拔子丘不懃。"虽然语焉不详，但不能排除拓跋鲜卑趁匈奴宇文部内乱之机，以"和亲"为名结交匈奴宇文部，以为东方与国的意图在内。其后的事态发展也证明这一点。丘不勤死后，其子莫廆继立为大人，史称"时莫廆部众强盛，自称单于，塞外诸部咸畏惮之"。平帝拓跋绰死后，其子拓跋弗继立一年也去世，其叔昭帝拓跋禄官继立，于295年"分国为三部"，拓跋禄官自领一部居东，"在上谷北，濡源之西，东接宇文部"。可见自平帝拓跋绰"和亲"匈奴宇文部后，双方一直维系较好的关系。

昭帝五年，即晋惠帝元康八年（298年），拓跋鲜卑与匈奴宇文部再一次"和亲"。事情的缘起是这样的：宇文莫廆之子逊昵延为大人后，率部众攻击世仇鲜卑慕容廆于棘城（今辽宁义县西北），由于轻敌冒进，为慕容廆所破，部众溃散。史称"逊昵延父子世雄漠北，又先得玉玺三纽，自言为天所相，每自夸大"。然而此役大败之后，逊昵延不得不"卑辞厚币，遣使朝献于昭帝"。拓跋禄官为继续笼络匈奴宇文部，以长女妻逊昵延。由于得到拓跋鲜卑的支持，逊昵延之子乞得龟继立为大人后，企图东山再起，继续与慕容鲜卑为敌。约在代建国八年（345年），终于被慕容鲜卑所建前燕政权灭亡，部众散灭。

拓跋鲜卑与匈奴宇文部的两次"和亲"，实际上是利用匈奴宇文部与鲜卑慕容部之矛盾，钳制鲜卑慕容部势力发展的一个重要步骤。特别昭帝五年逊昵延大败亏输后，拓跋禄官仍与逊昵延"和亲"，显然另有政治意图。自从295年昭帝拓跋禄官分东、中、西三部之后，除其自领的东郡坚持与匈奴宇文部"和亲"，没有军事行动外，其余二部均有大的军事活动。统治中部，居于代郡参合陂（今山西阳高东北）之北的拓跋猗㐌（拓跋禄官之侄，即桓帝）开始"西略"，历时五年，至昭帝七年（300年），"诸降附者二十余国"；统治西部，居于西部定襄盛乐故城的拓跋猗卢（拓跋猗㐌之弟，即穆帝）则"出并州，迁杂胡，北徙云中、五原、朔方，又西渡河击匈奴、乌桓诸部。自杏城（今陕西黄陵西南）以北八十里，迄长城原，夹道立碣，与晋分界"。拓跋鲜卑利用与逊昵延的"和亲"，支持匈奴宇文部与慕容鲜卑长期缠斗，从而稳定其东部局势，积极拓展其中部与西部势力的策略大获成功。所谓"与晋分界"，标志着至昭帝拓跋禄官时，拓跋鲜卑俨然已经成为一个雄跃居晋朝北境一个强大的鲜卑部落集团，为其后代、魏建国奠定了坚实的基础。

以上仅是就在拓跋鲜卑早期发展史上比较重要的"和亲"实践略作陈述，实际上拓跋鲜卑在五胡十六国的纷扰时代，是最善于利用以"和亲"为手段实现自己政治意图的部族之一。据一些学者统计，在拓跋焘建立北魏政权前，拓跋鲜卑与匈奴宇文部"和亲"两次，与匈奴铁弗部"和亲"四次，与北燕慕容鲜卑"和亲"四次。拓跋焘称帝后，又与北燕、仇池、北凉、后秦、柔然等政权与民族广泛和亲。粗略统计，至北魏分裂前实施"和亲"多达25次。在魏晋南北朝和亲史上，拓跋鲜卑及其所建的代、魏政权，无疑其中最为积极的推动与践行者。

## ②　柔然与两魏的和亲

柔然是魏晋南北朝时活动于中国北方一古老民族，由于史籍记载歧异，柔然起源有东胡、鲜卑、匈奴、塞外杂胡等说法，诸说均有一定合理之处，迄今尚无定论。学界一般认为，柔然源于东胡—鲜卑，糅合其他北边民族而形成。

据《魏书·蠕蠕传》载，约在公元 3 世纪末，柔然先祖木骨闾，原是拓跋鲜卑掠获的奴隶，后免为骑卒，因坐罪当斩，"亡匿广漠溪谷之间，收合逋逃得百余人，依纯突邻部"。木骨闾死后，其子车鹿会"始有部落，自号柔然"。这是"柔然"首见史书之记载，仍然役属于拓跋鲜卑。据说"柔然"一词有"聪明、贤明"之意，由于北魏太武帝拓跋焘认为柔然"无知，状类于虫"，故蔑称"柔然"为"蠕蠕"。

经过一个多世纪的发展，至木骨闾六世孙郁久闾社仑时，柔然势力逐渐壮大起来。柔然族在大漠南北崛起，势必要与已经建立北魏政权的拓跋鲜卑发生激烈冲突。社仑曾多次与北魏交战，屡屡败北，甚至社仑本人也一度也被北魏俘获，后来侥幸逃脱。在北魏强势压迫下，社仑不得不率部众远遁于漠北，以避北魏兵锋。然而，社仑并不甘心臣服于北魏，于是与占据关陇地区的羌人后秦姚兴"和亲"，以便共同抗衡北魏。

社仑与姚兴的"和亲"具体发生时间不详，《魏书·蠕蠕传》系于登国九年（394年）。是年，在北魏军队的追击下，社仑率残部数百人投奔柔然另一部落首领匹候跋，旋而袭杀匹候跋。匹候跋之子启跋等于是投靠北魏，与北魏合力共击社仑，社仑不得不远遁于漠北。面对如此不利的局面，长于"权变"的社仑审时度势，通过与北魏另一劲敌后秦姚兴的"和亲"，暂时摆脱了北魏的威胁，得以全力经营漠北，兼并活动于漠北的高车及匈奴诸部，势力复盛。社仑所空制区域，"其西则焉耆（位于今新疆焉耆附近）之地，东则朝鲜之地，北则渡沙漠，穷瀚海，南则临大碛"。北魏天兴五年（402年），社仑自称丘豆伐可汗，建王庭于弱洛水河畔（今蒙古土拉河），并仿照汉制设立军法，俨然成为继匈奴、鲜卑之后，活动于大漠南北的一个新的强盛的少数民族政权。

社仑时柔然势力由衰转盛，与后秦姚兴"和亲"是一个重要因素。就在社仑称汗的当年，北魏征伐后秦，姚兴倾力抵抗，仍然不敌。为分散北魏兵力，配合后秦行动，社仑出兵从参合陂（今山西阳高东北）进入魏地，南至豺山及善无北泽（约在今山西右玉境内）一带掳掠，北魏遣常山王元遵率万余骑追击不及，社仑全师而退。社仑所以犯险侵掠北魏，与"方睦于（后）秦"不无关系。

北魏永兴二年（410年），社仑因遭北魏追击，死于逃亡途中，其弟斛律继立，号蔼苦盖可汗。斛律接受社仑与北魏为敌而疲于奔命之教训，"畏威自守，不敢南侵"，北境出现暂时安宁的局势。斛律除与北魏缓和关系外，继续以"和亲"为手段，试图谋求其他民族与政权的支持。《晋书·冯跋载记》载，晋安帝义熙七年（411年）秋七月，斛律遣使向北燕献马三千匹，请娶冯跋女乐浪公主为妻。冯跋命其群臣议其事。辽西公素弗议曰："前代旧事，皆以宗女妻六夷，宜许以妃嫔之女，乐浪公主不宜下降非类。"冯跋断然拒绝素弗所议，曰："女生从夫，千里岂远！朕方崇信殊俗，奈何欺之！"于是应允斛律"和亲"，遣游击秦都率骑二千，护送乐浪公主至柔然。

北燕的实际建立者冯跋本是鲜卑化的汉人，其父冯安西燕时为将军。西燕灭亡后，冯跋为后燕禁军将领。407年，冯跋灭后燕，拥立高云（慕容云）为天王，建都龙城（即和龙，今辽宁朝阳），仍沿用后燕国号。409年，高云被部下所杀，冯跋平定政变后，即天王位于昌黎（今辽宁义县），史称北燕。北燕大臣在议柔然斛律和亲时曾以"前代旧事，以皆以宗女妻六夷"为依据，认为不宜以乐浪公主"下降非类"。所谓"前代旧事"，应是指汉代以宗室女和亲匈奴及西域诸国的故事。然而，冯跋应允柔然斛律"和亲"则有更深层的考虑。冯跋建北燕次年，即410年，南燕慕容超被东晋将领刘裕攻灭，关东仅余北魏、北燕两国。此时北燕面临东晋、北魏的双重威胁，特别是北魏一直是诸燕政权的劲敌，因此，冯跋应允柔然斛律和亲，自然有引北魏世仇柔然为奥援的意图在内，所谓"方崇信殊俗"，不过是一堂皇的托辞而已。

北魏神瑞元年（414年），斛律与冯跋再次和亲，欲将女儿嫁与冯跋为妻。就在斛律女儿即将成行之时，斛律之侄步鹿真对斛律说："女小远适，忧思生疾，可遣大臣树黎、勿地延等女为媵。"所谓"媵"，是指陪嫁之人，春秋之时颇为盛行，战国之时已趋衰落，魏晋之时遗风虽存，但很少有人施行。步鹿真之议实际是在挑拨斛律与大臣之间的矛盾。虽然此议当时就被斛律否认，但仍然引起树黎等人的恐慌与不满，于是步鹿等令勇士将斛律捉住，与其女一同送至后燕都城龙城，随后拥立步鹿真为可汗。

尽管斛律已被其大臣驱逐失位，冯跋还是恪守前约，待斛律以客礼，赐爵上谷侯，纳其女为昭仪。不久，斛律上书请还塞北，企图复位，冯跋劝阻说："弃国万里，又无内应。若以强兵相送，粮运难继；少也，势不能固。且千里袭国，古人为难，况数千里乎！"斛律仍是固执己见，并表示："不烦大众，愿给骑三百足矣。得达敕勒国，人必欣而来迎。"于是冯跋许之，遣单于前辅万陵率骑三百送之。万陵惮惧远行，送至黑山之时，杀斛律而还。

步鹿真称汗后不久，柔然发生严重内讧，社仑季父仆浑之子大檀攻灭步鹿真，自立为牟汗纥升盖可汗。大檀与北燕冯跋继续联盟，进入漠南，企图打通由漠南进入中原的通道，因此与北魏发生激烈冲突。北魏始光元年（424 年），柔然曾一度攻陷北魏故都盛乐宫（今内蒙古和林格尔附近）。神麚二年（429 年），北魏太武帝拓跋焘亲率大军征伐，柔然损失惨重，大檀发疾而亡，其子吴提继位，号敕连可汗。神麚四年（431

73

年），吴提为缓和与北魏关系，遣使贡献；北魏则释放此前所俘柔然巡狩边境者二十余人以答善意。延和三年（434年）二月，太武帝拓跋焘主动与柔然和亲，将西海公主嫁与吴提；又遣使者接吴提之妹至平城，纳为夫人，后进为左昭仪，仅次于皇后。随后吴提遣其兄秃鹿傀等数百人来朝，献马二千匹，得到拓跋焘丰厚的赏赐。

延和三年北魏与柔然首次和亲，虽然暂时缓和了双方的关系，但并没有维持多久。太延二年（436年），柔然与北魏再度兵戎相见，"绝和犯塞"。在北魏军队的连续追击下，吴提远遁。吴提死后，其子吐贺真继位，号处可汗，继续遭受北魏的军事打击，史称"蠕蠕亦怖威北窜，不敢复献"。

和平五年（464年），吐贺真之子予成即位，号受罗部真可汗。在屡屡受挫于北魏之后，予成改变策略，请求与北魏"通婚娉"。北魏有司因予成数犯边塞，建议"请绝其使，发兵讨之"。献文帝拓跋弘却认为："蠕蠕譬若禽兽，贪而亡义，朕要当以信诚待物，不可抑绝也。予成知悔前非，遣使请和，求结姻援，安可孤其款意？"尽管拓跋弘表示出应允和亲的姿态，但予成"每怀谲诈，终献文世，更不求婚"。

太和元年（477年）四月，予成遣大臣比拔等入北魏贡献良马、貂裘，并且求观"天朝珍宝"。孝文帝元宏于是敕有司出御府珍玩、金玉、文绣、器物、御廄文马、奇禽异兽，及人间所宜用者，陈列于京肆之中。比拔等见之，感叹"大国富丽，一生所未见也"。

因羡慕北魏财富，次年二月，予成再遣比拔等朝贡，并请求通婚和亲。孝文帝为招抚柔然，应允和亲。予成虽"岁贡不绝"，但和亲之事却因"款约不著，婚事亦停"。

予成于北魏献文、孝文二朝两次提议与北魏和亲，表面原因或是由于予成"每怀谲诈"，或是因"款约不著"而未果，但更深层原因则在于北魏一直轻蔑柔然，视之为"叛臣"；且双方实力相距甚远，在北魏的军事打击下，柔然经常处于"远遁"的窘境。予成两次"和亲"为北魏拒绝，当在情理之中。北魏对柔然的轻蔑心态，从《魏书·蠕蠕传》所载正始三年（506年）宣武帝元恪拒绝柔然也汗可汗伏图的"请求通和"的诏书中清楚地反映出来：

> 蠕蠕远祖社崘是大魏叛臣，往者包容，暂时通使。今蠕蠕衰微，有损畴日，大魏之德，方隆周、汉，跨据中原，指清八表，正以江南未平，权宽北掠。通和之事，未容相许。若修藩礼，款诚昭著者，当不孤尔也。

正是出于同样的理由，永平元年（508年），宣武帝元恪再次拒绝伏图遣使贡献，企图与北魏通好的举动。

永安元年（528年），北魏权臣尔朱荣发动"河阴之变"，将胡太后与少帝元钊沉于河阴县（今河南孟津）境内黄河之中，两千多位王公大臣被杀，北魏政权陷入混乱状态。永熙三年（534年），孝武帝元修不愿为权臣高欢所控制，于是逃往长安，投靠宇文泰；高欢随即立元善见为帝，从洛阳迁都于邺城（今河北临漳西南），史称东魏。次年（535年），宇文泰杀元修，另立元宝炬为帝，都于长安，史称西魏。北魏正式分裂为东、西两魏，实际上两魏政权分别控制在高欢与宇文泰手中。

与北魏后期政治乱局不同的是，此时柔然却出现一个暂短的复兴局面。北魏孝昌元年（525年），曾因争夺汗位失败而投靠北魏的阿那瓌，在击溃破六韩拔陵所率起事军后，乘机扩充实力，占据长城以北漠南地区，"部落既和，士马稍盛"，遂自称敕连头兵豆伐可汗。北魏分裂后，东西两魏相互攻击，竞相与阿那瓌通婚结好；阿那瓌则周旋于两魏之间，充分利用所谓"和亲"拓展自己的势力。

率先与柔然阿那瓌和亲的是实力稍逊的西魏政权。西魏初建伊始，丞相宇文泰将孝武帝时舍人元翌之女封为"化政公主"，嫁与阿那瓌兄弟塔寒为妻；随后又建议西魏文帝娶阿那瓌之女为皇后，"通好结婚"。大统初年，阿那瓌应允通婚，遣长女郁久闾氏出嫁西魏。

阿那瓌对长女远嫁十分重视，随行车辆七百余乘，马万匹，骆驼千余头，行至黑盐池（今甘肃定边西北）时，西魏迎亲使扶风王元孚奉"魏朝卤簿文物始至"，请郁久闾氏南向迎魏仗；因柔然风俗以东为贵，郁久闾氏因此对元孚说："我未见魏王，故蠕蠕女也。魏仗向南，我自东面。"元孚无辞以对，只得迁就。这一仪礼之争，凸显出柔然在与西魏的"和亲"中已然处于强势地位。

西魏文帝在大统元年（535年）已立乙弗氏为皇后。乙弗氏出身吐谷浑部落，因高祖莫怀率部落入附北魏，被封为西平王，"三世尚公主，女乃多为王妃"，与元魏关系深厚亲密；而且乙弗氏"性好节俭，蔬食故衣，珠玉罗绮绝于服玩，又仁恕不为嫉妒之心"，深得文帝敬重。然而，大统四年（538年）郁久闾氏至长安后，文帝慑于柔然强势，废除乙弗氏皇后，"命后逊居别宫，出家为尼"，另立郁久闾氏为皇后。复因郁久闾氏猜忌，文帝只好将废后徙出长安，迁居青州。文帝对废后不忘旧情，曾密令废后重新蓄发，企图日后复立。大统六年（540年）春，柔然举国渡河，大肆入侵，西魏朝野纷纷传言此役是为郁久闾皇后而来。尽管文帝表示"岂有百万之众为一女子举也？"然而还是迫于柔然兵威，遣中常侍曹宠赍手勒令乙弗后自尽。乙弗后挥泪谓曹宠曰："愿至尊享千万岁，天下康宁，死无恨也。"自缢而死。郁久闾皇后也是命乖运舛，怀孕待产之时，常见妇人盛饰出入居室，而侍奉医巫悉无所见。郁久闾氏产后忧郁而死，年仅十六岁。

西魏与柔然通婚和亲，与之抗衡的东魏自然不悦，于是也以和亲为手段笼络柔然。由于柔然已先于东魏与西魏和亲，因此东魏首先着手间离柔然与西魏关系。郁久闾皇后死后不久，东魏丞相高欢遣相府功曹参军张徽纂出使柔然，宣称西魏文帝杀害阿那瓌之女，又以疏属假冒公主名号（指以舍人元翌之女封为"化政公主"事），嫁与柔然为亲；继而宣扬东魏是正统所在，"往者破亡归命，魏朝保护，得存其国"，而西魏杀害阿那瓌之女，"不仁不信，宜见讨伐"；如果柔然能与东魏"结成姻媾"，东魏将遣兵派将，"伐彼叛臣，为蠕蠕主雪耻报恶"。

张徽纂这一番间离之语果然见效，阿那瓌与群臣商议后决定"归诚于东魏"。于是阿那瓌派遣大臣连续出使东魏，为长子庵罗辰请婚。东魏静帝元善见则从高欢之请奏，将常山王元骘妹乐安公主改封为兰陵郡长公主，嫁与庵罗辰。高欢亲自护送公主至楼烦之北，接见并厚馈柔然接亲使者，以示重视。其后，阿那瓌以孙女邻和公主妻高欢第九子高湛。柔然与东魏关系日渐亲密。

西魏文帝自郁久闾皇后死后，已遣仆射赵善出使柔然，希望再结婚约。当赵善行至夏州时，闻知柔然已与东魏和亲，因惧怕被柔然扣押，于是返回长安。是后西魏与柔然虽然未断绝联系，但是不再复议和亲之事。

东魏武定三年（545年），高欢得知柔然欲与西魏联兵东侵，十分恐惧，令杜弼出使柔然，为长子高澄求婚。阿那瓌则曰："高王自娶则可。"是时高欢与王妃鲜卑女娄氏感情深厚，因此犹豫不决，娄氏则曰："国家大事，愿不疑也。"高欢决定娶蠕蠕公主为妻。同年八月，阿那瓌使其弟秃突佳护送蠕蠕公主至邺城，高欢亲至馆舍迎接。秃突佳盛气凌人，甚至警告高欢说："待见外孙，然后返国。"慑于柔然势力，高欢屈己迎奉，《北史·蠕蠕公主传》称"公主性严毅，一生不肯华言。神武（指高欢）尝有病，不得往公主所，秃突佳怨恚，神武自射堂舆疾就公主"。武定五年（547 年）高欢死后，其长子高澄（即追谥的北齐文襄帝）遵从柔然习俗，复娶蠕蠕公主为妻，产有一女。

柔然自公元 4 世纪初崛起于大漠南北之后，与当时活动于中原的诸多民族与政权广泛实行和亲政策，不仅加强柔然与中原的政治、经济、文化等多方面的联系，对于柔然自身的发展也具有一定的积极作用。

## 突厥与北周的和亲

西魏大统八年（542 年），突厥之名始见于典籍记载。突厥是继匈奴、柔然之后，占据漠北又一强大的草原帝国。据称突厥为匈奴之别种，姓阿史那氏。早期突厥人是柔然的种族奴隶，被迫迁居于金山（今阿尔泰山）南麓，为柔然锻铁，故被称之为"锻奴"。"突厥"族名的起源，据《周书·突厥传》载，因突厥人所居"金山形似兜鍪，其俗谓兜鍪为'突厥'，遂因以为号焉"。

公元 6 世纪中叶，随着柔然在军事上屡屡惨败于北魏，突厥人开始逐步摆脱被柔然奴役的地位。北魏分裂为东魏、西魏后，突厥在首领阿史那土门的率领下，"部落稍盛，始至塞上市缯絮，愿通中国"。《周书·突厥传》载，大统十一年（545 年），西魏丞相宇文泰遣酒泉胡人安诺盘陀出使突厥，受到突厥人的热烈欢迎，国人相贺曰："今大国使至，我国将兴焉。"安诺盘陀仅此一见，可见其声名在西魏不著，宇文泰遣其出使突厥，显然仅有试探突厥虚实之意图，并无其他深意。然而对于僻居西魏西方的"小国"突厥而言，西魏遣使来访意义却十分重大。这是突厥与中原政权的首次接触，因此受到突厥的高度重视。

大统十二年（546 年），突厥首领阿史那土门率领部众，击败企图东侵柔然的铁勒，兼并其部五万余落，势力开始发展壮大起来。然而，尽管突厥开始强大，但并没有完全摆脱柔然的束缚，阿史那土门首先考虑的是与柔然通过和亲而结盟。可是，当突厥求亲使者至柔然后，阿那瓌可汗大怒，遣使至突厥辱骂曰："尔是我锻奴，何敢发是言也！"此举激怒土门，杀其使者，彻底断绝与柔然的关系，转而向西魏求婚。

自北魏分裂为东西两魏之后，相互攻击，势同仇雠。虽然早在大统四年（538 年），西魏已与柔然和亲；但随着大统六年郁久闾氏皇后的去世，以及东魏的间离，西魏与柔然关系已经疏远。特别是北齐天保元年（550 年），西魏宇文泰乘高澄刚死，北齐初创，立国未稳之机，举大兵侵齐。初即帝位的高洋身着戎服，出城阅兵，军容甚为严整。宇文泰闻此，叹道："高欢不死矣。"于是将已经推进到黄河北岸的军队撤回，不战而退。此时，西魏亟须与新的外援结成同盟对抗北齐。突厥的求婚可谓适逢其时，于是宇文泰欣然接受，于大统十七年（551 年）六月，以魏长乐公主妻土门。

由于得到西魏的支持，突厥气势更盛，在与西魏和亲后的第二年，即魏废帝元年（552 年），土门出兵大败柔然，阿那瓌可汗自杀，其子庵罗辰投奔北齐，虽然余部另立阿那瓌叔父邓叔子为可汗，曾经强盛一时的柔然汗国已经开始土崩瓦解。是年，土门自号伊利可汗。土门死后，其子科罗（乙息记可汗）及其弟俟斤（木汗可汗，又作木杆可汗）相继为汗，继续扫荡柔然残余势力。邓叔子率部落数千人投奔西魏，宇文泰将之尽缚交付突厥使者，悉数被杀。《周书·突厥传》载，西魏恭帝二年（555年），俟斤可汗击灭柔然邓叔子后，"又西破嚈哒，东走契丹，北并契骨，威服塞外诸国。其地东自辽海以西，西至西海万里，南自沙漠以北，北至北海五六千里，皆属焉"。俟斤可汗建汗庭于于都斤山（约当今蒙古杭爱山之北山），拥兵数十万，成为继柔然之后出现在蒙古高原之上又一强大帝国。

就在突厥崛起的同时，西魏形势也发生变化。当西魏恭帝元廓时，突厥俟斤可汗试图与实际掌握西魏政权的宇文泰联姻，以女嫁之。婚约尚未议定，恭帝三年（556年），宇文泰病死，和亲未成。次年初，宇文第三子宇文觉（孝闵帝）废西魏恭帝自立，史称北周。由于宇文觉年幼，大权掌握在其堂兄大司马宇文护手中，同年九月，宇文护杀孝闵帝，立宇文毓为帝（明帝）。武成二年（560年），宇文护毒死明帝，立宇文邕为帝（武帝），宇文护继续秉政。北周保定初年（561年），俟斤可汗准备将另外的女儿嫁与宇文邕。突厥与北周的和亲，引起北齐的恐慌。正当北周准备遣使往结婚约之时，北齐也遣使者携带厚礼至突厥求婚。俟斤可汗贪图北齐财物，后悔许婚北周。

表面上看，突厥俟斤可汗企图毁约是贪图北齐财物，实则是居北周、北齐之间待价而沽。早在东魏、西魏对峙之时，柔然正是以和亲为名周旋于两魏之间，谋求最大利益。降至北齐、北周，这一故事继续重演，只不过故事主角由于柔然变成突厥。《北史·窦炽传》称："（北周）时与齐人争衡，戎车岁动，并交结突厥，以为外援。"为与北齐争夺突厥这一强大"外援"，北周对与突厥此次和亲的愿望格外重视，周武帝宇文邕诏遣凉州刺史杨荐、武伯王庆等重臣出使突厥，缔结婚约。

早在西魏之时，杨荐就以两次出使柔然缔结和约而闻名。大统元年（535年），杨荐首次出使柔然，与阿那瓌可汗缔结婚约，迎娶其女为西魏文帝郁久闾皇后。大统六年，郁久闾皇后病死，文帝欲与柔然再结婚约，使者仆射赵善因惧柔然与东魏通好，于出使途中返回长安。文帝于是再遣杨荐出使，至柔然后"责其背惠食言，并论结婚之意"。虽然再议和亲未果，阿那瓌可汗还是遣使随杨荐至长安通好。正是由于杨荐长于处理与柔然之关系，所以宇文邕遣其出使突厥，试图劝说突厥绝齐和周。

杨荐等至突厥后，俟斤可汗最初打算将北周使者缚送北齐。杨荐得知这一图谋后，斥责俟斤可汗曰："太祖（指宇文泰）与可汗共敦邻好，蠕蠕部落数千来降，太祖悉以付可汗使者，以快可汗之意。如何今日遽欲背恩忘义，独不愧鬼神乎？"面对杨荐的诘问，俟斤可汗无言以对，惨然良久曰："君言是也，吾意决矣。"于是拒绝齐使而与北周订婚，然而前提却是与北周约定时间，"共平东贼（指北齐），然后遣女"。

保定三年（563年），宇文邕令随国公杨忠率军一万，会同突厥十万余骑自北道伐齐，另遣大将军达奚武率步骑三万，自南道出，两军准备会合于晋阳（今山西太原）。初战较为顺利，联军直至晋阳城下。次年正月，北齐出动全部精锐部队反攻，突厥虽然人数众多，然而不敢交战，纵军"大掠而还"；杨忠率孤军奋战，结果失败而归；时达奚武刚行至平阳（今山西临汾），闻联军已败，引兵退还。杨忠既痛恨突厥军"首领多而无法令"，不战自乱，又欲推诿败责，认为朝廷所以依重突厥，实际是受出使突厥者的虚言蛊惑，"妄道其强盛"，建议斩杀此前出使突厥者，准备与突厥决裂。宇文邕拒纳杨忠之议，坚持与突厥联合灭齐。同年八月，俟斤可汗再次请求联合伐齐，宇文邕再遣杨忠与晋国公宇文护等率军出征，结果还是铩羽而归。

北周与突厥两次伐齐失败后，宇文邕为早日与突厥缔结婚约，结成同盟，于保定五年（565年）二月正式派遣使团至突厥。使团中包括陈国公宇文纯、许国公宇文贵、神武公窦毅、南阳公杨荐、骠骑大将军李雄、左武伯王庆、车骑大将军赵文表等诸多重臣在内，并"备皇后仪卫行殿，并六宫百二十人"，前往突厥可汗牙帐迎娶可汗之女。

周武帝宇文邕所以派遣诸多重臣出使突厥，并准备极其隆重的仪仗迎娶可汗之女，除了特意表达与突厥和亲的诚意外，另一个重要意图就是消除突厥对北周与北齐"通好"疑虑。北齐对北周与突厥的和亲早就表示忧惧，曾极力间离两者关系，《周书·王庆传》载：

> 初，突厥与周和亲，许纳女为后。而齐人知之，惧成合从之势，亦遣使求婚，财馈甚厚。突厥贪其重赂，便许之。朝议以魏氏昔与蠕蠕结婚，遂为齐人离贰。今者复恐改变，欲遣使结之。今者复恐改变，欲遣使结之。遂授庆左武伯，副杨荐为使。是岁，遂兴入并之役。庆乃引突厥骑，与随公杨忠至太原而还。

所谓"入并之役"，是指保定三年（563年）北周、突厥联军突入并州郡治晋阳城下，围攻齐军之役。此前王庆曾与杨荐出使突厥，商议和亲之事，并引突厥军前往晋阳与杨忠军会合。次年正月联军兵败晋阳后，北齐为缓和与北周之关系，将早先被北齐"幽絷"的皇第四姑以及北周权臣晋国公宇文护的母亲阎姬送还，以示通好。北齐送归皇姑与阎姬事，不仅使突厥"复致疑阻"，也对保定四年八月北周、突厥再伐北齐事产生消极影响。《周书·宇文护传》载："（宇文）护以齐氏初送国亲，未欲即事征讨，复虑失信蕃夷，更生边患。不得已，遂请东征。"北周权臣如此态度，联军再度兵败当在意料之中。

正是因为在保定四年发生北齐送还"皇姑与世母"

之事，本来就摇摆于北周、北齐之间的突厥更是疑虑重重，俟斤可汗于是"贰于周，更许齐人以婚"，扣留北周陈国公宇文纯等使者，"数年不返"。天和二年（567年）秋，蒙古高原突然狂风骤起，暴雨如注，"飘坏其穹庐等，旬日不止"。俟斤可汗大惧，以为是天降灾异，谴其食言，于是急忙准备妆奁，送女适周。

就在突厥送亲队伍即将进入周境时，突厥使者罗莫缘借口马瘦，缓缓而行。周使徐文表劝说莫缘说："后自发彼藩，已淹时序，途经沙漠，人马疲劳，且东寇每伺间隙，吐谷浑亦能为变。今君以可汗之爱女，结姻上国，曾无防虑，岂人臣之体乎？"罗莫缘因此不敢再加阻挠，日夜兼程，于天和三年（568年）三月抵达长安。

俟斤可汗之女（即阿史那皇后）入塞年仅十四岁，《周书·皇后纪》称"后有姿貌，善容止，高祖（武帝宇文邕）深敬焉"。周宣帝宇文赟即位后（578年），尊为皇太后，大象元年（579年），改为天元皇太后；次年又尊为天元上皇太后。周静帝宇文阐即位后，尊为太皇太后。隋开皇二年（582年），阿史那皇后去世，年三十二岁，"隋文帝诏有司备礼册，祔葬孝陵"。

阿史那皇后入塞十八年，历经三帝二朝，生前屡进尊号；死后虽周、隋相替，仍循礼祔葬孝陵，可谓生荣死哀。然而在所谓武帝宇文邕"深敬"的背后，却难掩盖政治婚姻背后苦涩的宫廷生活。据《旧唐书·后妃传》载，唐高祖李渊窦皇后，即宇文邕姊襄阳长公主之女，年幼时深得武帝宇文邕喜爱，养于宫中，"时武帝纳突厥女为后，无宠，后尚幼，窃言于帝曰：'四边未静，突厥尚强，愿舅抑情抚慰，以苍生为念。但须突厥之助，则江南、关东不能为患矣。'武帝深纳之。"

周武帝宇文邕与突厥俟斤可汗的和亲，不仅经历曲折，而且对双方及北齐均有深刻影响。《周书·突厥传》称："自俟斤以来，其国富强，有凌轹中夏志。朝廷既与和亲，岁给缯絮锦彩十万段。突厥在京师者，又待以优礼，衣锦食肉者，常以千数。齐人惧其寇掠，亦倾府藏以给之。"中原大量财物流入突厥，更助长了突厥骄横之气，俟斤之弟他钵可汗曾不无得意地说："但使我在南两个儿子孝顺，何忧无物邪。"

北周与突厥通过和亲结成军事同盟，对于北周最终灭亡北齐、统一北方也起到一定的作用。虽然在保定三、四年（563～564年），突厥、北周两次联合攻伐北齐失败后，突厥再也没有参与北周对北齐的军事行动。但自天和三年（568年）突厥与北周和亲后，北周免除后顾之忧，"得突厥之助"，可以全力攻击北齐。北周建德四年（575年），北周武帝宇文邕率军开始攻灭北齐，统一北方的战争。至建德六年正月，周军攻入邺城，北齐灭亡。

公元567年，突厥与北周原来建立在"合从攻齐"利益基础的和亲关系，随着北齐的灭也发生变化。原北齐定州刺史范阳王高绍义被北周大将宇文神击败于马邑（今山西朔县），逃到塞北，投靠突厥。高绍义是齐文宣帝高洋第三子，他钵可汗素来敬重文宣帝，认为是"英雄天子"。加之高绍义也是"重踝",因此"甚见爱重"。他钵可汗立高绍义为齐帝,命令北齐逃亡塞外者都隶属之,扬言要为北齐复仇。突厥与北周关系陡然恶化。宣政元年(578年)四月,突厥"入寇幽州,杀略居民"。北周柱国刘雄率军抵抗,兵败身死。武帝宇文邕亲统六军,准备北伐突厥。同年六月,宇文邕病卒于军中,北伐事不得不终止。同年冬,突厥"复寇边,围酒泉,大掠而去"。

宣帝宇文赟即位后,北周与突厥均需缓和关系,他钵可汗再次请求和亲。宣帝册命赵王宇文招之女为千金公主,准备嫁与他钵,但要求突厥将高绍义缚还长安。他钵可汗拒绝北周的要求,战争于是再起,突厥入掠并州。大象二年(580年)二月,突厥遣使北周,准备迎娶千金公主。北周趁机遣洛州刺史贺若谊往说他钵可汗,重金贿赂,请求缚还高绍义。在贺若谊的劝诱下,他钵可汗佯称与高绍义会猎南境,将其捕获,交付贺若谊。后高绍义被流放于蜀地,痛恨被骗,怒斥"夷狄无信,送吾于此"。

千金公主出塞和亲,虽然暂时消除突厥以及北齐残部对北周的威胁,但随着隋文帝杨坚代周建隋,突厥因汗位争夺发生分裂,从而引发出杨坚以杀千金公主为条件,遣安义、义成两公主和亲突厥的故事。

# 四 隋唐时期的和亲

公元 581 年，北周大丞相杨坚废除静帝宇文阐，自立为帝，改国号为隋，是为隋文帝。公元 589 年，隋文帝挥师南下，攻灭割据江南的陈朝，结束魏晋南北朝以来四百多年的纷乱局面，最终统一中国。隋虽国祚短暂，但承隋而建的唐朝，享国几近三百年，是继汉代之后又一臻于鼎盛的王朝。隋唐时期政治、经济与文化等方面的繁荣与开放，对于是时民族关系的调整与发展也产生了重要影响。

在中国古代和亲发展史上，隋唐时期是继两汉魏晋南北朝之后又一兴盛时期。据一些学者研究，仅唐王朝就有四十多位公主与宗室女出嫁突厥、吐谷浑、吐蕃、回纥等民族与政权。与魏晋南北朝时期的和亲，主要是在北方与中原诸民族及政权之间进行不同的是，隋唐时期的和亲与汉代和亲在形式上有些类似，主要是以隋唐王朝的公主与宗室女嫁与周边民族及政权的首领，而几乎没有周边少数民族及政权的公主入塞和亲的事例。这也充分反映出在隋唐王朝在重新确立"正统"地位之后，便将"和亲"的主动权纳入彀中，成为调整及控制周边少数民族及政权的一个重要手段。

### 千金公主之死与义成公主出塞

大象二年（580年）六月，他钵可汗缚还北齐降将高绍义，北周如约遣使送千金公主出塞完婚，和亲突厥。不久，北周与突厥形势均发生巨变。千金公主的父亲赵王宇文护怨恨大丞相杨坚即将代周，密谋杀之，结果事败后与诸子均被杨坚杀害。次年，杨坚废周自立，建元开皇（581年）。同年，他钵可汗病卒，诸子侄争夺汗位，最终其子庵逻（第二可汗）、他钵可汗兄俟斤可汗之子大逻便（阿波可汗）、阿那瓖可汗之子摄图（沙钵略可汗）皆被拥立为可汗，加之原为西面可汗的摄图叔父玷厥改号达头可汗，以及贪汗可汗等，突厥出现五可汗分而治之的局面。在突厥五可汗之中，沙钵略可汗因机敏勇猛，善于抚众，深得国人拥戴，势力也最为强盛，"北方皆畏附之"，建牙帐于都斤山（今蒙古杭爱山之北山），是突厥主要力量所在。他钵可汗死后，遵循突厥父兄死子弟取其群母及嫂为妻的习俗，沙钵略可汗娶千金公主为可贺敦（即皇后）。

千金公主于隋室既有家仇，又有国恨，"伤其宗祀覆灭，日夜言于沙钵略，请为周室复雠"。是时杨坚虽然废周建隋，但江南陈朝尚未平定，而突厥诸汗争立，国势稍衰，遂不以北方为念，准备南下平陈，所以"待突厥礼薄"。由此激怒突厥，沙钵略可汗对部下曰："我周之亲也。今隋主自立而不能制，复何面目见可贺敦乎！"

开皇元年（581年），原北齐营州刺史，降周后仍为刺史的高保宁起兵反隋。沙钵可汗于是与高保宁联合，攻陷临榆镇（其地不详，疑指隋开皇三年所置的临渝关，位于今河北抚宁东），并约突厥诸可汗共同起兵南下，连续挫败镇守北境的隋军。隋文帝杨坚一面"敕缘边修保障，峻长城"，抵御突厥南侵；一面调遣数万大军，出塞迎击突厥。

正当杨坚为突厥大肆南侵困扰之际，原北周奉车都尉长孙晟因送千金公主和亲突厥，曾与沙钵略弟处罗侯秘密结盟，因此熟知突厥内部情况，上书建议利用突厥诸可汗内部矛盾，实施间离之计，"远交而近攻，离强而合弱"，使突厥"首尾猜嫌，腹心离阻。十数年后，承衅讨之，必可一举而空其国"。此议深得杨坚赞赏，于是付诸实施：即遣太仆元晖出使西域，特赐达头可汗（玷厥）"狼头纛"，特意表示钦敬，礼数甚优。达头可汗使者回访，故意将其使者引于沙钵略可汗的使者之上；又授长孙晟为车骑将军，出黄龙道，携带大量钱财贿赂奚、霫、契丹等部族，"遣为向导，得至处罗侯所，深布心腹，诱令内附"。反间计实施后，突厥内部果然相互猜疑。

开皇二年（582年）初，突厥再度入侵，隋大将军韩僧寿和上柱国李充等大败突厥。五月，高宝宁带领突厥兵袭击平州（治今河北卢龙），突厥五可汗共联兵四十余万，东西并进，突入长城侵掠。六月，隋上柱国李光在马邑（今山西朔县）大败突厥。随后突厥又进犯兰州（治今甘肃兰州），被隋将贺娄子干击败。十二月，突厥沙钵略可汗率达头、贪汗两可汗，合军十余万，与隋军遭遇于弘化（治今甘肃庆阳）。隋军虽然仅有二千余人，但在行军总管达奚长儒的激励下，与突厥恶战三日，死战不退，双方损失极为惨重。而驻守乙弗泊（今青海乐都西）、临洮（治今甘肃岷县）、幽州（治今北京西南）等地的隋军皆为突厥所败，突厥乘胜自木硖、石门（今宁夏固原西南和西北）两路进击，纵兵大掠，武威、天水、金城、上郡、弘化、延安等郡"六畜咸尽"。沙钵略可汗还想继续南侵，但在隋人的间离之下，叔父达头可汗引兵自还，其子染干（一说为沙钵略弟处罗侯之子）受长孙晟指使，诈言居突厥以北的铁勒部欲乘虚袭击可汗牙帐，沙钵略可汗恐后方生变，于撤军北返。

开皇二年（582 年）突厥的入侵不仅揭开了与隋朝战争的序幕，也激化了突厥内部本已存在的诸多矛盾。大逻便被立为阿波可汗，本来就违背沙钵略可汗的本意，加之阿波彪悍骁勇，素为沙钵略所忌。长孙晟趁机劝说阿波与达头"相合为强"，与隋结盟，共同抗衡沙钵略。因此突厥正式分裂为东西两汗国，大体以金山（今阿尔泰山脉）为界，东突厥沙略可汗在隋北境，西突厥达头可汗则在隋之西北。开皇三年春，沙钵略再率各可汗兵南犯，被隋军击败于白道（今内蒙古呼和浩特西北）等地。沙钵略既痛恨阿波率先退兵，又疑其与隋联合，欲袭其牙帐，于是出兵攻破阿波，杀害其母，阿波西投达头。达头"遣阿波帅兵而东，其部落归之者将十万骑。遂与沙钵略相攻，屡破之，复得故地，兵势益强"。加之因与阿波友好而被沙钵略剥夺汗位的贪汗可汗，以及沙钵略从弟地勤察的支持，突厥内讧愈演愈烈，"连兵不已"。隋文帝坐观突厥内讧，对突厥诸部"遣使诣阙，请和求援"者一概拒绝。

开皇四年（584 年），沙钵略可汗为摆脱"兵败于外，众离于内"的困境，不得不遣使朝贡，请求和亲。千金公主也上书隋文帝，"请为一子之例"，改姓"杨氏，为隋主女"。隋文帝应允千金公主的请求，更封为"太义公主"，遣开府仪同三司徐平出使突厥，同意和好。《隋书·突厥传》载沙钵略致书隋文帝称：

> 皇帝是妇父，即是翁；此是女夫，即是儿例。两境虽殊，情义是一。今重叠亲旧，子子孙孙，乃至万世不断，上天为证，终不违负。此国所有羊马，都是皇帝畜生，彼有缯彩，都是此物，彼此有何异也！

隋文帝报书表示："得书，知大有好心向此也。既是沙钵略妇翁，今日看沙钵略共儿子不异。既以亲旧厚意，常使之外，今特别遣大臣虞庆则往彼看女，复看沙钵略也。"

千金公主上书"请为一子之例"，表明突厥与隋朝的关系，由相互抗衡的"敌国"，变为臣服于隋的"子婿"之国，这正是中央王朝与周边民族"和亲"所要达到的最理想的状态。在沙钵略可汗臣服之后，隋文帝也改变策略，积极扶植沙钵略。开皇五年（585年），沙钵略可汗西困于达头可汗，东畏北魏时逐渐崛起的契丹，遣使向隋朝告急，请求率部落"度漠南，寄居白道川"。白道川大体位于今内蒙古呼和浩特西北一带，属定襄郡所辖。沙钵略请求寄居白道川，当是效法匈奴呼韩邪单于为郅支单于所逼迫，南下傍长城以求汉廷支持的故事。

隋文帝应允沙钵略请求，命总督北境的晋王杨广出兵援助，供给衣食，赐以"车服鼓吹"以壮声势。在隋军的支持下，沙钵略击破达头可汗。就在沙钵略西击达头之时，突厥阿拔落乘虚袭击沙钵略后方；隋军击破阿拔部后，将所有俘获皆交付沙钵略。沙钵略欣喜之余，于开皇五年七月正式上表称臣："天无二日，土无二王，伏惟大隋皇帝，真皇帝也。岂敢阻兵恃险，偷窃名号！今便感慕淳风，归心有道，屈膝稽颡，永为藩附。"立约"以碛为界"，以示甘居漠北，不再南觑隋境，并遣第七子窟含真入朝为质。文帝诏报曰："沙钵略称雄漠北，多历世年，百蛮之大，莫过于此。往虽与和，犹是二国。今作君臣，便成一体。"此后文帝再颁诏书，不直呼沙钵略之名，以示尊重；并正式册封千金公主为大义公主，赐姓杨，入属籍；拜窟含真为柱国，封安国公，厚加赏赐。沙钵略可汗自是后每岁朝贡不绝。

开皇七年（587年），沙钵略可汗死，其弟处罗侯（叶护可汗）与其子雍虞闾（都蓝可汗）相继为可汗，继续保持与隋朝的和好关系，每年遣使朝贡，隋则开放边市，许突厥"与中国贸易"。

开皇九年（589 年），隋文帝平陈之后，将亡国之君陈后主的屏风赐予千金公主，触动同样具有亡国经历的千金公主心中的隐痛，"因书屏风为诗，叙陈亡以自寄"：

盛衰等朝暮，世道若浮萍。荣华实难守，池台终自平。富贵今何在，空事写丹青。杯酒恒无乐，弦歌讵有声。余本皇家子，飘流入虏廷。一朝睹成败，怀抱忽纵横。古来共如此，非我独申名。唯有《明君曲》，偏伤远嫁情。

千金公主这首感伤命乖运舛、词调哀婉，直抒胸臆的"不平"之诗，隋文帝得知后十分恼怒，"礼赐益薄"。文帝态度的突然转变，千金公主也有所察觉，"复与西面突厥泥利可汗连结"，企图为患。在这种局势下，隋文帝决意除去千金公主。

开皇十三年（593 年），隋流人杨钦逃亡突厥，谎称原北周柱国、彭国公，后为隋左武卫大将军、庆州总管的刘昶与妻子北周公主准备起兵反隋，遣其密告千金公主，说服突厥出兵侵扰边郡。都蓝可汗听信千金公主之言，"不修职贡，颇为边患"。为伺探突厥动静，隋文帝遣车骑将军长孙晟出使突厥，说服都蓝可汗缚还杨钦，并揭发千金公主私通随侍胡人安遂迦事。

沙钵略可汗死后，其侄都蓝可汗续娶千金公主为妻，得知公主私通事，"国人大以为耻"。于是都蓝可汗将杨钦及安遂迦缚交长孙晟，隋文帝随即命令废除大义公主封号。适逢此时，居于突厥北部的突利可汗染干遣使至隋请求和亲。隋文帝承诺："当杀大义主者，方许婚。"染干对此深信不疑，遂利用一切机会谗毁千金公主，"都蓝因发怒，杀公主于帐"。

千金公主死后，突利可汗染干于开皇十七年（597年）遣使长安，要求隋室履行前约，遣公主和亲。隋文帝于是封宗室女为安义公主，厚赐奁资，遣大臣牛弘等送公主出塞和亲。隋文帝许婚突利，本意就是为分化、间离突利与都蓝的关系，因此刻意扶持突利，"特厚其礼"。突利可汗与安义公主成婚后，由原居北方南徙至度斤旧镇。所谓度斤旧镇，即都斤山（又作于都斤山，今蒙古杭爱山之北山）沙钵略可汗原居处。突利可汗徙居此处，俨然是以沙钵略的继承人自居。

隋朝对突利的扶持，引起都蓝可汗强烈不满，自谓："我大可汗也，反是如染干（即突利）！"于是断绝朝贡，发兵侵扰隋朝北境，隋军随即也展开反击。开皇十九年（599年），突利被都蓝、达头联兵击败，部族溃散，子侄皆被杀，逃到长安求助。隋文帝遣高颍、杨素助突利击败西突厥达头后，册立原突利可汗染干为启民可汗，突厥部众归附者万余口，实力稍微得以恢复。隋于朔州筑大利城（今内蒙古和林格尔北），令启民可汗与安义公主居之。

开皇十九年六月，安义公主病亡后，隋文帝封宗室杨谐之女为义成公主，再嫁启民可汗。都蓝可汗原本就怨恨隋将安义公主嫁与启民可汗，而义成公主的再和亲更是彻底激怒都蓝可汗，遂再次与达头起兵攻掠启民可汗。奉命送义成公主出塞成婚的长孙晟，见启民可汗屡受都蓝可汗攻击，不得宁居，于是向隋文帝建议，使启民部众徙居于五原郡（治今内蒙古五原南），北托黄河，游牧于夏州与胜州，即今河套地区，并令上柱国赵仲卿率屯兵二万人，协助启民可汗防范都蓝可汗。同年十月，隋军出击都蓝可汗。隋师尚未出塞，都蓝可汗就为部下所杀。西突厥达头自立为步迦可汗，遣其侄子俟利伐东攻启民可汗，隋军协助启民扼控要路，俟利伐见无机可乘，还师西归。经过此役，启民可汗上表输诚，表示"千万世长与大隋典羊马也"。

隋炀帝即位后，继续实施与东突厥和好的策略。大业三年（607年）四月，隋炀帝北巡，"欲出塞外陈兵耀武"。恐启民可汗起疑，先遣武卫将军长孙晟至涿郡（治今北京）谕旨，启民可汗奉诏召所部奚、霫、室韦等种落数十酋长咸会涿郡。长孙晟见可汗牙帐中杂草丛生，以"天子行幸所在，诸侯躬亲洒扫，耘除御路，以表至敬之心"为由，令启民可汗亲自斩锄杂草，"以明威重"。启民可汗于是"举国兴役"，自榆林（治今内蒙古托克托西南）至涿郡修治御道，长三千里，广百步，迎接炀帝巡行北边。隋炀帝行至榆林，启民可汗与义成公主亲至行宫朝见，并上表陈情，表示先前为"兄弟"所迫，"时无去处"，呈蒙先帝垂怜，"赐臣安义公主"，"以臣为大可汗，还抚突厥之民。"今帝与先帝一样厚待臣与突厥百姓，"臣非昔日突厥可汗，乃是至尊臣民，愿率部落变改衣服，一如华夏"。由于除草亭启民可汗曾被长孙晟折辱，因此是表不乏窥察炀帝真实意图的因素在内。为宽慰启民可汗，炀帝报书曰："碛北（泛指西突厥）未靖，犹须征战。但存心恭顺，何必变服。"启民献马三千余匹，炀帝还报"物万二千段"，分赐启民与公主"金瓮各一"，并依呼韩邪单于和亲旧例，许启民可汗"赞拜不名，位在诸侯王上"。

大业五年（609 年），启民可汗病卒，其子咄吉设继立为始毕可汗，续娶义成公主为妻。由于担心始毕可汗"部众渐盛"，护北蕃军事裴矩"献策分其势"，建议以宗女嫁始毕弟叱吉设，拜其为南面可汗，结果"叱吉不敢受，始毕闻而渐怨"。裴矩又以互市为名，诱始毕可汗宠臣史蜀胡悉至马邑杀之，并遣使诬告：史蜀胡悉率部落背叛可汗，已被杀之。始毕可汗得知真相后，不再朝贡，并发兵骚扰北边。大业十一年（615 年）九月，始毕可汗趁隋炀帝北巡之际，突然出动十余万骑，将隋炀帝围困于雁门（今山西代县，雁门郡治），纵兵急攻，形势危急。隋炀帝急忙遣使至云中，向义成公主求助。义成公主"告急于始毕，称北方有警"，始毕可汗于是撤军北还，雁门始得解围。唐武德二年（619 年）始毕可汗病卒，其子什钵芯年幼，汗位遂由其弟俟利弗设继承，是为处罗可汗。遵循突厥婚俗，义成公主复为处罗可汗可贺敦。

是时隋朝已亡，李唐王朝建立，义成公主与千金公主一样沦为亡国之余，因此网罗隋朝遣臣遗民，企图反唐复隋。武德三年（620年），义成公主与处罗可汗将隋炀帝萧皇后等接至突厥，立原隋朝齐王杨暕之子杨政道为隋王，居定襄（治今内蒙古呼和浩特南），并按隋制"行其正朔，置百官"，俨然一个独立小朝廷。处罗可汗又想夺取并州（治今山西太原南），"以居政道"。定襄北邻长城，而并州则深入长城以南，势必要引起唐朝强烈反弹。因此，突厥诸大臣纷纷谏言反对，处罗可汗却说："我父失国，赖隋得立，此恩不可忘。"处罗可汗尚未出兵就病卒，义成公主因其子奥射设"丑弱"，遂立处罗之弟、启民可汗第三子咄苾为颉利可汗，续娶义成公主为可贺敦。颉利可汗立始毕可汗子什钵芯为突利可汗，使居突厥东方。

颉利可汗初承父兄基业，依仗兵马强盛，在义成公主及其弟杨善经等人"宜立正道以报隋厚德"的鼓动下，屡屡发兵侵掠唐边地。是时唐初定中原，百废待兴，无力展开反击，只得多输财物以求安宁，结果突厥气焰更炽，"视中国为不足与"，唐朝君臣甚至廷议由长安徙都于樊、邓（泛指今湖北襄樊及河南省邓县一带）之间以避其锋。武德九年（626年）八月，颉利与突利率军进至京畿，初即帝位的唐太宗李世民陈兵戒备，并亲临渭水，与颉利隔水而语，结渭水便桥之盟，颉利可汗方始退军。

由于颉利可汗连年用兵，征发苛重，突厥内部矛盾逐渐尖锐。贞观元年（627年），原臣服于突厥的漠北薛延陀、回纥等铁勒部落相继叛去，颉利可汗遣突利追击，反为所败。颉利怒囚突利，两可汗之间又生变故。又适逢大雪，畜死民饥；加之颉利可汗亲信诸胡（泛指非突厥部落的“胡人”），部属离心。颉利可汗内外交困，不得不遣使向唐称臣，请求尚公主和亲。贞观三年（629 年），唐太宗拒绝和亲，遣兵部尚书李靖等出兵，与薛延陀可汗夷男等夹击颉利；次年，联军大败颉利可汗于阴山，斩首万余级，男女十余万，杀义成公主。颉利投吐谷浑时被擒获，缚送长安。唐太宗赐颉利田宅，授右卫大将军。贞观八年（534年），颉利死于长安，依突厥风俗葬之，赠“归义王”，谥曰“荒”。突利可汗在颉利败后降唐，除汗号，亦授右卫大将军，封北平郡王。曾经纵横大漠南北多年的东突厥前汗国灭亡。

## ② 文成、金城公主和亲吐蕃

“吐蕃”一词，始见于唐代汉文史籍。“蕃”，藏语作“bod”，为古代藏族自称。据学界较普遍的说法，蕃是由古代藏族信奉的原始宗教——“本”（bon）音转而来；也有学者认为，“蕃”意为农业，与“卓”（bro，牧业）相对。“吐”，一般认为是汉语“大”的音转，系吐蕃自称“大蕃”的音译；也有解释为藏语“lho”，（意为山南，吐蕃王室的发祥地）或“stod”（意为上部，即西部）的音转。新旧《唐书·吐蕃传》认为吐蕃属于“西羌”，“历周及隋，犹隔诸羌，未通于中国”。

公元 6 世纪左右，起于今西藏山南地区泽当、穷结一带吐蕃雅隆部，逐渐将势力扩展到拉萨河流域。贞观二年（628 年），年仅 13 岁的松赞干布继赞普位，以武力降服古代羌人苏毗（今西藏北部及青海西南部）、羊同（今西藏北部）诸部，将首邑迁至逻些（今西藏拉萨），正式建立吐蕃王朝。史称是时"吐蕃在吐谷浑西南，近世浸强，蚕食他国，土宇广大，胜兵数十万"。

贞观八年（634 年）七月，松赞干布遣使长安，这是吐蕃首次与唐朝交通；唐太宗则遣行人冯德遐前往吐蕃"抚慰"。松赞干布与冯德遐会晤后，得知"突厥与吐谷浑尚公主"，于是再遣使随冯德遐入朝，"多赍金宝，奉表求婚"。是时唐刚与吐蕃交通，对其不甚了解；再因之唐正与位于唐与吐蕃之间的吐谷浑作战，无暇西顾，于是拒绝松赞干布的和亲要求。吐蕃使者还报松赞干布曰："初至大国，待我甚厚，许嫁公主。会吐谷浑王入朝，有相离间，由是礼薄，遂不许嫁。"由于吐谷浑位于吐蕃西南，是吐蕃拓展势力的一大障碍，因此松赞干布首先将攻击的矛头对准吐谷浑，与羊同联兵击破吐谷浑，尽掠其部众财物牲畜，将吐谷浑驱赶至青海以北；随后又攻破与吐谷浑世代通婚和好的党项及白兰诸羌。

贞观十二年（638 年）秋，松赞干布率众二十余万进抵唐松州（治今四川松潘）西境，强硬要求与唐和亲，"遣使贡金帛，云来迎公主"，并向部属表示，如果唐"不嫁公主与我，即当入寇"。由此触发唐与吐蕃的松州之战。在唐军的反击下，吐蕃战事不利，退出唐境。随即松赞干布遣使谢罪求和，但仍然坚持与唐和亲。

贞观十四年（640年），唐太宗终于允诺以文成公主和亲吐蕃。松赞干布遣国相禄东赞为使，率百会人，奉黄金五千两及其他珍宝作为聘礼，前往长安迎亲。据《旧唐书·吐蕃传》载，禄东赞"虽不识文记，而性明毅严重，讲兵训师，雅有节制，吐蕃之并诸羌，雄霸本土，多其谋也"。俨然是松赞干布依为干城的心腹重臣。禄东赞至长安后，"召见顾问，进对合旨"，深得唐太宗赏识，拜为右卫大将军，并欲以琅邪长公主外孙女段氏妻之。禄东赞辞谢曰："臣本国有妇，父母所聘，情不忍乖。旦赞普未谒公主，陪臣安敢辄娶。"松赞干布以这样一位心腹重臣为和亲使者，足见对此次和亲极为重视。

文成公主身世不详，两《唐书》等典籍仅记为"宗女"，或"宗室女"。一说为唐江夏王李道宗之女，此说恐不确。李道宗是唐祖李渊侄子，"从太宗灭刘武周，平窦建德，破王世充，屡有殊效，封任城王。贞观初为大同道行军总管，召拜礼部尚书，改封江夏（王）。"《旧唐书·薛万彻传》载，唐太宗曾谓群臣曰："当今名将，唯李绩、（李）道宗、（薛）万彻三人而已。李绩、道宗不能大胜，亦不大败；万彻非大胜，即大败。"是语虽不无调侃右卫大将军薛万彻之意，但李道宗确实被唐太宗依为心腹。如果文成公主是江夏王李道宗之女，史书似乎不应失载。

但对于吐蕃而言，文成公主是否为皇帝之女却十分重要。贞观时行人冯德遐出使吐蕃，曾言"突厥与吐谷浑尚公主"，正是松赞干布求娶唐公主的最初动因。松赞干布与文成公主成婚后曾说："我父祖未有通婚上国者，今我得尚大唐公主，为幸实多。当为公主筑一城，以夸示后代"，正是这一心态的反映。

自西汉以降，唯有皇帝之女称"公主"，而诸侯王女或称"翁主"，或称"郡主"。但出于"和亲"的缘故，出嫁的宗室女或宫女往往加"公主"封号以示郑重。实际自西汉和亲以来，迄止唐初，凡中原王朝尚没有以真"公主"出塞和亲的史例。贞观十四年，与文成公主一样不知所出的"宗室女"弘化公主，也是以太宗之女的名义出嫁吐谷浑可汗浑诺葛钵。因送亲使者淮阳王李道明不慎泄露弘化公主并非太宗之女的真相，引起唐太宗的不满，李道明回长安后即被夺爵除国，以示惩处。

如是，则不难理解，在汉文典籍中甚吝笔墨的文成公主，在藏文文献中却倾注了极大的热情，创作出许多优美的传说流传至今，成为汉藏民族和好的历史见证。据成书于元末索南坚赞所撰《西藏王统记》（藏名《吐蕃王朝世系明鉴正法源流史》），及明末的五世达赖喇嘛所著《西藏王臣记》记载，文成公主是"救度佛母"之化身，"年方二八，芳春年华，美妙姿容，口出青色优钵罗花之香气"。因公主芳名远播，精通佛法，松赞干布及天竺法王、大食富王、格萨武王、英俊昌王等皆遣使前来求婚。唐王本不欲与吐蕃为婚，于是巧言"诸使臣中有识见锐敏者，则许之以婚"。在以丝绸穿盘肠翠玉，辨百只鸡母鸡雏，食肉揉皮，饮酒一坛不醉，夜入宫而不迷路，三百妙龄美女中识别公主等测试中，其他求婚使者无不败北，唯有吐蕃使者凭借其智慧机敏而顺利完成。因见公主不愿远嫁，含涕垂泪，吐蕃求婚使者禄东赞等为讨公主欢心，引吭高歌，宽慰公主：

> 至奇希有，化人公主，请听我语：吐蕃藏地，吉祥如意。众宝所成，赞普宫中，神作人主。松赞干布，大悲观音。神武英俊，见者倾慕。以教治邦，人民奉法，诸臣仆从，歌唱升平。出佛慧日，拿功德灯。山产诸树，土池广博，五谷悉备，滋生无隙。金银铜铁，众宝具足。牛马繁殖，安乐如是。至奇希有，公主垂听！

据说闻此悦耳之歌声，公主芳心转舒，"暗自思量，诚如此歌所言，则与吾之乡土何异，遂即拭泪，随藏臣而行。"

贞观十五年（641 年）正月，唐太宗命礼部尚书、江夏王李道宗持节护送文成公主，在吐蕃迎亲专使禄东赞等人的伴随下离开长安，前往遥远而又神秘的吐蕃完婚。松赞干布在柏海〔今青海玛多〕亲自迎接，谒见李道宗，恭行子婿之礼，携文成公主一同返回逻些（今西藏拉萨）。

文成公主和亲吐蕃之后，唐与吐蕃一直维系良好的关系。贞观二十年（646 年），唐太宗征伐高丽还，松赞干布遣禄东赞携"金鹅"，奉表祝贺曰：

> 天子自领百万，度辽致讨，麟城陷阵，指日凯旋。夷狄才闻陛下发驾，少进之间，已闻归国，雁飞迅越不及陛下速疾。奴忝预子婿，喜百常夷。夫鹅，犹雁也，故作金鹅奉献。

贞观二十二年（648 年），唐右卫率府长史王玄策奉使西域，途为中天竺所掠，吐蕃由于发精兵与王玄策共击败中天竺，遣使来献捷。高宗即位后，授松赞干布驸马都尉，封西海郡王，赐物二千段。松赞干布致书司徒长孙无忌等表示："天子初即位，若臣下有不忠之心者，当勒兵以赴国除讨。"并献金银珠宝十五种，请置太宗灵座之前。高宗封松赞干布为"宾王"，赐杂彩三千段。永徽元年（650 年），松赞干布去世，唐高宗为之举哀，遣右武候将军鲜于臣济持节赍玺书吊祭。

随着文成公主的进藏，不仅密切了双方的政治联系，同时也促进经济、宗教、文化、风俗习惯的交往与融合。据藏史记载，文成公主进藏时，唐朝陪嫁十分丰厚，有释迦佛像、各种典籍、金玉饰物、锦缎绫罗、诸色衣料、治病药方、食物烹法、饮料配制、生活用具，以及各种谷物、蔬菜种子等物品。高宗即位之初，松赞干布又请求输入"蚕种"，并遣懂得"造酒、碾、硙（即磨）、纸、笔之匠"入吐蕃，得到唐高宗的允许。这些中原的工匠与生产技术以及各种制品进入吐蕃之后，对于吐蕃的经济发展起到积极的推动作用。中原的建筑风格也于此时传入吐蕃，松赞干布曾"筑城立栋宇"使文成公主居住。

佛教大约也在此时开始传入吐蕃。松赞干布先与尼泊尔联姻，娶国王盎伐摩之女赤尊公主，传说赤尊公主携来不动佛像、弥勒菩萨像等；贞观十五年松赞干布又与唐朝联姻，娶文成公主。传说文成公主携来释迦牟尼像。为供奉两公主带来的诸圣像，为赤尊公主建大昭寺，文成公主建小昭寺。为加强吐蕃与唐朝的文化交流，松赞干布"自亦释毡裘，袭纨绮，渐慕华风"，"遣酋豪子弟，请入国学以习《诗》、《书》。又请中国识文之人典其表疏"。因文成公主不喜吐蕃人"赭面"，松赞干布于是下令"国中权且罢之"。而"赭面"风俗于中唐时已传入中原，且蔚然成风，成为时尚中的妆饰，白居易因此作《时世妆》诗以"儆戒"：

时世妆、时世妆，出自城中传四方。时世流行无远近，腮不施朱面无粉……圆鬟无鬓椎髻样，斜红不晕赭面状。昔闻被发伊川中，辛有见之知有戎。元和妆梳君记取，髻椎面赭非华风。

文成公主在吐蕃生活四十年后，于永隆元年（680年）病逝，唐高宗"遣使吊祭之"。至今拉萨仍保存为纪念文成公主所造的塑像，距今已1300多年历史。青海省玉树县建有文成公主庙。相传文成公主前往拉萨途中，曾在此地停留多时。文成公主庙现被列为国家级文物保护单位。

自文成公主和亲吐蕃后，唐蕃虽然保持较好的关系，但随着吐蕃与吐谷浑矛盾的不断激化，唐蕃关系也随之发生变化。

吐谷浑原是慕容鲜卑一支，早先活动在辽东地区，西晋末年迁徙今青海一带，逐渐发展为一强大势力集团。开皇十六年（596年），隋文帝以宗室女光化公主妻吐谷浑王世伏，这是吐谷浑首次与中原王朝和亲。贞观年间，唐出兵助诺葛钵稳定吐谷浑形势。为感谢唐朝的支持，诺葛钵遣子弟入侍，请求颁布唐历法，实行唐年号，受唐册封为河源郡王、乌地也拔勒豆可汗。贞观十四年（640年），唐太宗以宗室女弘化公主妻诺葛钵，并再次出兵助诺葛钵平定吐谷浑丞相的叛乱，双方关系更加密切。由于吐谷浑位于吐蕃西南，是吐蕃向西域发展的一大障碍。唐廷也有意扶植吐谷浑，钳制吐蕃向西南发展。

龙朔、麟德年间（661～665年），吐蕃与吐谷浑关系再趋紧张，相互攻讦，分别上表"各论曲直"；虽然唐廷表面上未明显倾向任何一方，但出于历史与现实的考虑，在两者的冲突中更偏向于吐谷浑。咸亨元年（670年），吐蕃出兵攻击吐谷浑，诺葛钵大败，与弘化公主投奔凉州，遣使求救。吐蕃则趁势攻陷白州等十八州，又与于阗合众袭破龟兹拨换城（今新疆阿克苏）。四月，唐高宗命右威卫大将军薛仁贵、左员外大将军阿史那道真、右卫将军郭待封等率众十余万征伐吐蕃。当唐军进至大非川（今青海共和西南切吉旷原，一说为今青海湖以西布哈河）时，为吐蕃大将论钦陵所败。大非川之战后，吐蕃趁机占据安西四镇，唐朝被迫撤销四镇建制，将安西都护府迁至西州（治今新疆吐鲁番），吐谷浑则"全国尽没"，并入吐蕃，诸葛钵与弘化公主率残部内迁徙灵州，唐为之设安乐州（今宁夏同心东北），以诸葛钵为安乐州刺史。"自是吐蕃连岁寇边"，唐蕃战争绵延不断。

长安四年（704 年），吐蕃赞普在平定吐蕃南境属国泥婆罗门等皆叛乱时卒于军中，诸子争立，国中局势不稳。神龙元年（705 年），吐蕃国人立器弩悉弄之子弃隶蹜赞为赞普，时年七岁，祖母可敦摄政。为缓和与唐朝关系，景龙二年（708 年），赞普祖母可敦遣大臣悉熏然来朝贡献方物，并为其孙请婚和亲。

唐蕃自咸亨年间再度爆发战争以来，双方均损失惨重，特别对吐蕃影响更甚，"疲于徭戍，早愿和亲"。事实上唐蕃和亲之议未曾中断，调露元年（679 年）、开耀元年（681 年）、万岁通天元年（696 年）、长安二年（702 年）等，吐蕃相续遣使至唐请求和亲。特别是开耀元年，吐蕃甚至指名请以高宗与武后爱女太平公主和亲。武后于是为太平公主专立"太平观"，以公主为观主以拒之。正是因为唐蕃均有和亲的愿望，神龙三年（707 年）四月，唐中宗同意吐蕃和亲请求，将金城公主嫁与赞普弃隶蹜赞。金城公主（一说名李奴奴）是雍王李守礼之女，又是唐中宗养女。李守礼之父是章怀太子李贤，即唐高宗李治第六子，唐中宗李显与唐睿宗李旦之兄。与无名宗室所出的弘化公主、文成公主不同的是，金城公主自幼被唐中宗收养，具有真实的"帝女"身份。

景龙三年（709年）十一月，吐蕃遣重臣尚赞吐等来长安迎娶金城公主。次年正月，唐中宗颁布制书，申明要以汉代和亲为典范，重续唐太宗与吐蕃之"姻好"。"自文成公主往化其国"，"数十年间，一方清净"，和亲效果彰显。然自唐蕃交恶，"我之边隅，亟兴师旅；彼之蕃落，颇闻凋敝。"如今吐蕃赞普及祖母可敦、酋长等"屡披诚款，积有岁时，思托旧亲，请崇新好"。金城公主是"朕之少女，岂不钟念？但为人父母，志息黎元，若允乃诚祈，更敦和好，则边土宁晏，兵役服息。遂割深慈，为国大计，筑兹外馆，聿膺嘉礼，降彼吐蕃。"因金城公主"孩幼"远嫁，唐中宗"赐锦缯别数万，杂伎诸工悉从，给龟兹乐"以宽慰公主，命左卫大将军杨矩为送亲使者，并亲自送金城公主至始平（今陕西兴平），设宴饯行，中宗"悲涕歔欷"，并令从臣赋诗送行，工部侍郎李适一首《奉和送金城公主应制》诗，将送别伤感之气氛渲染得淋漓尽致：

> 绛河从远聘，青海赴和亲。月作临边晓，花为度陇春。主歌悲顾鹤，帝策重安人。独有琼箫去，悠悠思锦轮。

为纪念金城公主远嫁吐蕃，唐中宗下令赦免始平死罪以下囚徒，免除始平百姓一年徭役，改始平县为金城县，又改宴别之地为凤池乡怆别里，纪念金城公主远嫁。金城公主至吐蕃后，"另筑一城以居之"。

金城公主赴吐蕃后不久，唐中宗突然去世，睿宗即位，为试探唐新君对吐蕃之态度，景云元年（710年）底，吐蕃以为金城公主索汤沐邑的名义，重金贿赂原送金城公主使者，后为鄯州（治今青海西宁）督军的杨矩，并通过杨矩上奏朝廷，将河西九曲之地划归吐蕃。所谓河西九曲，泛指黄河上游流经的今青海省东南部及与甘肃西北毗连地区，紧邻扼守鄯、廓（治今青海化隆西）二州西境的军事重镇积石军（今青海贵德）。河西九曲"水甘草良，宜畜牧，近与唐接。自是虏益张雄，易入寇。"原本是吐谷浑活动的区域，虽然吐谷浑被吐蕃驱逐后曾据其地，但名义上仍不属于吐蕃。但在景云元年，吐蕃以公主汤沐邑的名义正式辖有河西九曲之地，并在西距积石军不足三百里处设置洪济、大莫门等城（均在今青海贵德西）。吐蕃自从取得河西九曲后，"自是复叛，始率兵入寇"。唐蕃关系不仅没有因划归河西九曲而缓和，反而成为吐蕃东侵唐朝西境的军事基地。开元二年（714年）秋，吐蕃大将坌达焉、乞力徐等率众十余万以河西九曲为基地，寇临洮军（今青海乐都），突入兰（治今甘肃兰州）、渭（治今甘肃陇西）等州侵掠。首倡以河西九曲予吐蕃的杨矩悔惧交加，饮药自杀。

与文成公主和亲后唐蕃基本维系和好局面不同的是，金城公主面临的形势更为复杂，唐蕃双方每每于兵戎相见之后，往往或以金城公主的名义，或由金城公主出面调整双方关系。据《册府元龟·外臣部·和亲》记载，开元二年十月唐军大败吐蕃之后，唐玄宗"命左骁卫郎将尉迟环使吐蕃，宣恩于金城公主"，以示停战和好。开元四年（716年）二月，吐蕃围困松州（治今四川松潘），八月吐蕃请和，唐玄宗许之，赏赐金城公主及赞普锦帛器物等，吐蕃首领则以公主名义奉表谢恩，贡献"金盏、羚羊衫段、青长毛罽"等方物以表敬意。开元五年三月，吐蕃赞普请唐玄宗亲署和亲誓文被拒，公主上表恳请皇帝"矜怜奴奴远在他国"，亲署誓文，使唐蕃两国"久长安稳"。

开元十五年（727年），唐蕃战争再度升级，凉州都督王君㚟大破吐蕃军于青海之西，"虏其辎重及羊马而还"。嗣后吐蕃在唐军的持续打击下，损失惨重，于开元十八年遣使请和。唐玄宗因怨恨吐蕃赞普所致书信"悖慢无礼"，意不应允。忠王（即唐肃宗李亨）友皇甫惟明劝解说："开元之初，赞普幼稚，岂能如此。必是在边军将，务邀一时之功，伪作此书，激怒陛下。"两国一旦交战，兴师动众，"所损巨万，何益国家"。如若陛下遣使往视金城公主，"因与赞普面约通和，令其稽颡称臣，永息边境，此永代安人之道也。"唐玄宗采纳皇甫惟明谏言，命其与内侍张元方出使吐蕃；吐蕃赞普与金城公主随即遣重臣名悉猎随唐使入朝，自称外甥，奉表请和曰："外甥是先皇帝舅宿亲，又蒙降金城公主，遂和同为一家，天下百姓，普皆安乐。"不意因奸臣构陷、边将争功，"互相征讨，迄至今日，遂成衅隙"。赞普自我表白"外甥以先代文

110

成公主、今金城公主之故，深识尊卑，岂敢失礼。又缘年小，枉被边将谗构斗乱，令舅致怪……蒙降使看公主来，外甥不胜喜荷。"并且申明"外甥蕃中已处分边将，不许抄掠，若有汉人来投，便令却送。伏望皇帝舅远察赤心，许依旧好，长令百姓快乐。如蒙圣恩，千年万岁，外甥终不敢先违盟誓"。

自开元十七年吐蕃赞普与金城公主遣使求和之后，唐蕃关系再度出现缓和态势。次年十月，唐蕃约定"仍于赤岭（山名，约在青海西宁西）各竖分界之碑，约以更不相侵"。开元二十一年二月，金城公主上书请求在"今年九月一日树碑于赤岭，定蕃汉（唐）界"。立碑之日，唐玄宗遣张守珪、李行祎等为使，与吐蕃使莽布等共同观看立碑。随后，唐蕃使者分赴边州及吐蕃，宣告"两国和好，无相侵掠。"《册府元龟》载赤岭碑文曰：

维大唐开元二十一年岁次壬申，舅甥修其旧好，同为一家。往日贞观十年初通和好，远降文成公主入蕃。已后景龙二年，重为婚媾，金城公主因兹降蕃。自此以来，万事休帖。间者边吏不谨，互有侵轶，越在遐荒，因之隔阂。今遵永旧，咸与维新，帝式臧用，不违厥旨。因以示赤岭之外，其所定边界一依旧定……铭曰：言念旧好，义不忒兮；道路无壅，烽遂息兮；指河为誓，子孙亿兮；有渝其诚，神明殛兮。

开元二十七年（739 年），金城公主在吐蕃生活近三十余年后去世。次年十一月，吐蕃遣使报丧，复请和亲。由于开元二十五年，唐蕃边境冲突再起，赤岭碑被毁，唐玄宗拒绝吐蕃和亲请求，此后唐蕃再无通婚之举。

至于金城公主在吐蕃的婚姻生活经历，汉文典籍几无记载，而在藏史中则留下许多传说。据《西藏王统记》载，赞普赤德祖赞王妃生一王子，名江察拉温，容颜俊美，恍如天人，在藏难觅其匹，于是效法松赞干布之先例，请婚唐中宗之女金城公主。公主一行方抵汉藏交界之处，王子为迎公主纵马奔驰，不幸坠马身亡，"比公主至时，闻王子已逝，咸皆陷于极其悲恸之境。"公主后嫁与赤德祖赞为偏妃。后公主生有一子，为大妃囊萨西定设计所夺，赞普也无从辨别真伪。待小王子满周岁后，赞普设筵，那囊氏与公主前来赴会。赞普将满盛米酒之金杯交付小王子曰：

> 二母所生唯一子，身躯虽小神变化，金杯满注此米酒，子可献与汝亲舅，孰为汝母凭此定。

小王子不顾那囊氏以衣服、装饰、花蜜的引诱，竟以金杯付与公主曰：

> 赤松我乃汉家甥，何求那囊为舅氏。

于是众人乃信其真为汉妃之子，遂设广大欢宴庆贺。

小王子即是吐蕃历史上以兴佛著名的赤松德赞（又

作"墀松德赞"），与松赞干布、赤祖德赞并称为吐蕃三大法王。据一些学者考证，赤松德赞约生于742年，是时金城公主已卒数年，不可能是赤松德赞的生母。然而，在这一美好传说的背后，反映出吐蕃民众对金城公主续写唐蕃"舅甥"关系所付努力的赞美与认同。

## 借兵回纥与"真公主"和亲

回纥，唐德宗时改称回鹘，是较早活动中国北方的一个少数民族部落。《旧唐书·回纥传》在追溯回纥历史及社会习俗时说："回纥，其先匈奴之裔也，在后魏时，号铁勒部落。其众微小，其俗骁强，依托高车，臣属突厥，近谓之特勒。无君长，居无恒所，随水草流移。"唐初漠北九姓铁勒中，回纥即其中之一。回鹘部落联盟以药罗葛氏为核心，其后回鹘各可汗大多出自这个氏族。

回纥长期受到突厥的控制，史称"自突厥有国，东西征伐，皆资其用，以制北荒"。隋炀帝大业年间，回纥由于受到突厥攻击，迁徙至娑陵水（今蒙古色楞格河）流域，人口繁衍，增至十万人。唐贞观元年（627年），回纥首领菩萨率骑兵五千，击败突厥颉利可汗之子欲谷设所率十万大军，声威大振。随后回纥酋帅吐迷度率诸部大破铁勒薛延陀部，并其部众，尽占其地，其势力南过贺兰山，北临黄河，成为蒙古高原一支新崛起的力量。贞观二十年（646年），回纥遣使贡献，始与唐朝交通。次年正月，唐朝在漠北铁勒诸部推行府州制度，府置都督，州置刺史，府州皆置长史，司马以下官吏可以自署。以回纥部为瀚海府，封吐迷度为怀化大将军兼瀚海都督。由于吐迷度已自称可汗，唐允许回纥依突厥故事自署官吏。

高宗永徽二年（651 年），突厥首领贺鲁攻破北庭（今新疆木沙尔一带），回纥出兵五万助唐军击破贺鲁，收复北庭。永徽六年，回纥又出兵助唐军攻伐高丽。后突厥汗国兴起之后，攻占铁勒部居地，回纥等部迁至甘、凉一带，接受唐朝庇护，唐朝也借助回纥骑兵佐助赤水军（今甘肃武威）防务。天宝三年（744年），回纥首领骨力裴罗自称骨咄禄毗伽阙可汗，建牙帐乌德鞬山（今蒙古杭爱山）、嗢昆河（今蒙古鄂尔浑河）之间（今蒙古哈尔和林西北），趁后突厥白眉可汗势衰之际，起兵击斩白眉可汗，被唐玄宗册封为怀仁可汗。《新唐书·回鹘传》称是时回鹘"斥地愈广，东极室韦，西金山，南控大漠，尽得古匈奴地"，成为继突厥之后蒙古高原之上又一强大的北方少数民族政权。747 年，怀仁可汗去世，子磨延啜继汗位，号葛勒可汗，"岁遣使入朝"，继续维系与唐朝和好关系。从回纥兴起的过程看，除开元年间因攻杀凉州都督王君㚟，阻断安西诸国与长安交通，唐玄宗命将军郭知运讨逐，回纥退保乌德鞬山外，再没有与唐朝发生较大的军事冲突。

天宝十四年（755 年）十一月，安史之乱爆发，长安、洛阳两京相继陷落，唐玄宗仓皇逃往四川避难。马嵬驿事变后，玄宗继续西下，太子李亨分兵北上。至德元年（756 年）七月，李亨在灵武（今宁夏灵武北）即位，是为唐肃宗。此时肃宗可以凭借的力量相当有限，史称"塞上（指朔方节度使）精兵皆选入讨贼，惟余老弱守边，文武官不满三十人"。为了尽快平息叛乱，唐肃宗不得不"借兵于外夷以张军势"，遣敦煌王李承寀、左武镝使仆固怀恩、将军石定番等出使回纥，"以修好征兵"。葛勒可汗同意出兵助唐平乱，但要求先将女儿嫁与李承寀，方可出兵。唐肃宗同意可汗要求，册封可汗女为毗伽公主。次年九月，葛勒可汗遣其太子叶护及将军帝德率四千精兵往助唐军平乱。肃宗亲自设宴款待，厚加赏赐，并命长子广平王李豫（即唐代宗）结交叶护，"约为兄弟"，极力笼络回纥。在回纥军队的协助下，唐军很快收复长安、洛阳两京。为报答回纥助兵收复两京之功，肃宗封叶护为忠义王，许诺每岁送回纥绢二万匹以为酬谢。

长安、洛阳两京收复后，回纥于乾元元年（758年）五月遣使多亥阿波等八十八人来朝，请求和亲。回纥使者自恃出兵助唐有功，与同时朝贡的黑衣大食酋长拒不相让，都要争先入朝，不得已分两国使者自东西门分开入朝。是时安史之乱尚未完全平定，肃宗还得继续向回纥借兵，因此册立葛勒可汗为英武威远毗伽可汗，以宁国公主和亲回纥。

宁国公主是肃宗次女，先嫁郑巽，后嫁薛康衡，安禄山攻陷长安时，宁国公主正寡居在家，在肃宗第三女和政公主与驸马柳潭全力救护下，方才逃离长安。然而公主甫回长安，又要远嫁回纥，心虽不愿，但父命难违，垂泪表示："国家事重，虽死无恨！"

由于肃宗向回纥借兵平乱时，曾许诺收复长安、洛阳两京后可纵兵劫掠。因此初复长安，回纥欲入城劫掠，广平王以收复洛阳后再履约为由劝止；收复洛阳后，"回纥遂入府库收财帛，于市井村坊剽掠三日止，财物不可胜计"。因此，朝野舆论对肃宗屈尊与回纥和亲以借兵多有非议。为了平息朝野舆情，亦为陈述遣宁国公主和亲回纥之苦衷，肃宗于乾元元年（758年）六月颁布《封宁国公主制》曰：

> 顷自凶渠作乱，宗社贴危。回纥特表忠诚，载怀奉国，所以兵逾绝漠，力徇中原，亟除青犊之妖，实赖乌孙之助。而先有情款，固求姻好。今两京底定，百度惟贞，奉皇舆而载宁，缵鸿业而攸重。斯言可复，厥德难忘。爰申降主之礼，用答勤王之志。且骨肉之爱，人情所锺。离远之怀，天属尤切。况将适异域，宁忘轸念。但上缘社稷，下为黎元，遂抑深慈，为国大计……将成万里之婚，冀定四方之业。

乾元元年七月，肃宗命宗室汉中郡王李瑀为册礼使，右司郎中李巽为副使，及大臣司勋员外郎鲜于叔明等送宁国公主至回纥完婚。肃宗亲自送至咸阳，与公主流涕诀别。

李瑀送宁国公主至回纥毗伽阙可汗牙帐时，可汗身着赭黄袍，头戴胡帽，盛气质问李瑀为何不拜。李瑀答曰：

唐天子以可汗有功，故将女嫁与可汗结姻好。比者中国与外蕃亲，皆宗室子女，名为公主。今宁国公主，天子真女，又有才貌，万里嫁与可汗。可汗是唐家天子女婿，合有礼数，岂得坐于榻上受诏命耶！

毗伽阙可汗于是起身奉诏。次日，册命宁国公主为可敦。得知唐真公主和亲回纥，众酋长都欢欣鼓舞曰："唐国天子贵重，将真女来。"作为对宁国公主和亲的回报，同年八月，毗伽阙可汗使王子骨啜特勒及宰相帝德等骁将三千人助平叛乱。次年，骨啜特勒所率回纥军参与郭子仪所指挥的围攻相州治所邺城（今河北临漳西）之战。虽然相州战事不利，但肃宗为感谢回纥助战，还是常赐有加，授骨啜特勒为银青光禄大夫、鸿胪卿员外置虚衔以示褒奖。

乾元二年（759 年）四月，毗伽阙可汗去世，其少子继立为登里可汗。毗伽阙可汗死时，所属牙官、都督等欲依回纥习俗，以宁国公主殉葬。宁国公主坚决不从，曰："回纥慕中国之俗，故娶中国女为妇。若欲从其本俗，何必结婚万里之外邪！"但迫于回纥习俗，宁国公主还是依回纥法，在停放可汗遗体的帐前，以刀剺面流血而哭，反复七次才停止。八月，宁国公主因为无子，由回纥还归长安，改封肃国公主，从此独居。

宁国公主和亲回纥时，曾以荣王李琬女儿以"媵"和身份陪嫁毗伽阙可汗，号"小宁国公主"（又作"少宁国公主"）。毗伽阙可汗死后，小宁国公主依照回

117

绀婚俗，继为登里可汗可敦。天亲可汗继位后，小宁国公主出居于外。小宁国公主先后生有二子，一为毗伽阙可汗子，一为登里可汗子，贞元年间皆被天亲可汗所杀。丧子之痛，致使小宁国公主"无几毙"（贞元七年，791年），在回纥共生活33年。

自肃宗乾元之后，回纥因借兵平叛及和亲，与唐朝交往日渐频繁，长住长安者多至千人。许多回纥人非常骄横，甚至白昼杀人，在坊市掳掠，有司不敢过问。回纥又以"纳马"为名，每匹索直四十缣，动辄数万匹，甚至以"驵弱不可用"的劣马充数，朝廷不胜其扰。大历十三年（778年），回纥出兵侵寇太原，大败唐军，纵兵掳掠。唐代宗不愿与回纥绝好，因此"不问回纥入寇之故，待之如初"。

大历十四年（779年）五月，唐代宗去世，德宗李适即位，遣中使梁文秀前往回纥报丧。登里可汗听信九姓胡人言，欲趁唐国丧期间举国入侵。可汗叔父国相顿莫贺达干劝说可汗说，唐作为大国，从来没有辜负回纥，前年回纥入侵太原，"获羊马数万，可谓大捷"，"如今举国深入，万一不捷，将安归乎！"可汗不听，顿莫贺达干遂发兵袭杀登里可汗，自立为合骨咄禄毗伽可汗。建中元年（780年），可汗遣使同梁文秀同赴长安，表示愿为藩臣，于是唐册立为武义成功可汗。唐与回纥一度紧张的关系再次缓和。

顿莫贺自立可汗之后，屡次遣使求和亲。贞元三年（787年）八月，可汗再次遣使请和亲。唐德宗向宰相李泌表示："和亲待子孙图之，朕不能已。"唐德宗所以表现如此决绝，正是因为在广德元年（763年），时德宗为雍王，奉父代宗之命，以天下兵马大帅的名义率药子昂、魏琚、韦少华等大臣，前往陕州黄河北岸会见登里可汗，商议借兵诛灭安史残存势力史朝义事宜。登里可汗以"唐天子弟"、雍王叔父的身份自居，责问雍王为何不舞蹈参拜。药子昂等以"元帅，唐太子也，将君中国，而可舞蹈见可汗哉？"坚决拒绝。双方争论不休，回纥遂将药子昂等人各"各榜捶一百，（韦）少华、（魏）琚因榜捶，一宿而死"。因雍王少年未谙事，放归本营。

陕州受辱，唐德宗一直视为奇耻大辱，所以才表示自己有生之年，坚决不与回纥和亲。不过，此时德宗所面临的局势却不容乐观，外患内乱纷至沓来。建中四年（783年），叛臣朱泚攻占长安，德宗逃往奉天（今陕西乾县）避难，遣崔汉衡出使吐蕃，"许成功以北庭、伊西（今新疆北部）与之"。次年，唐蕃联军击破朱泚叛军于武功（今陕西武功）。此时吐蕃因气候炎热，加以疾疫流行，撤兵西去。唐军收复长安后，以吐蕃并未参与彻底平定朱泚之乱为借口，不允割地，只许厚给缯帛。吐蕃深恨唐食言毁约，决计报复。贞元三年（787年）三月，吐蕃遣使求和，唐将韩游瑰认为："吐蕃弱则求盟，强则入寇，今深入塞内而求盟，此必诈也。"但由于唐德宗一直衔恨回纥，所以不仅主张与吐蕃结盟，甚至还想联合吐蕃共击回纥。同年五月，唐蕃会盟于平凉（今甘肃平凉），结果参与会盟的唐使除浑瑊逃脱外，其余均被吐蕃扣留，唐军被杀数百人，千余人被擒。这就是著名的"平凉劫盟"事件。

贞元三年，吐蕃"平凉劫盟"与回纥请求和亲，加之边将又上报军马缺乏，诸多难题同时摆在唐德宗面前，委实难于决断。洞悉德宗心态的宰相李泌，首先从军马问题着手，献计曰："臣愿陛下北和回纥，南通云南，西结大食、天竺，如此，则吐蕃自困，马亦易致矣。"实际上唐军所需马匹绝大部分来自回纥，所谓云南、大食、天竺都是虚指，德宗自然明白李泌真实意图所在，表示"三国当如卿言，至于回纥则不可"！李泌却认为"为今之计，当以回纥为先"。针对唐德宗难以释怀的陕州受辱，李泌解释说，韦少华等是被牟羽可汗（即登里可汗）所杀，牟羽又为今可汗所杀，"今可汗乃有功于陛下，又何怨邪！"又献策曰，和亲之后，可与回纥正式约法：可汗"称臣，为陛下子，每使来不过二百人，印马（即根据马匹大小强弱及用途，在不同部位烙有标记，以防劣马掺入）不过千匹，无得携中国人及商胡出塞"。在李泌与其他大臣的反复劝说下，德宗终于同意以第八女咸安公主和亲回纥。

贞元四年（788年）十月，武义成功可汗遣其妹骨咄禄毗伽公主及国相跌等，携聘马二千匹，前来长安迎娶咸安公主，并上书德宗表示遵守唐朝五项约定，曰："昔为兄弟，今婿，半子也。陛下若患西戎（主要指吐蕃），子请以兵除之。"并请德宗为"回纥"改名为"回鹘"，取其"捷鸷"如"鹘（泛指隼类）"之意。德宗又加封可汗为长寿天亲可汗，遣刑部尚书关播等送公主至回鹘完婚。

咸安公主远嫁回鹘不到一年，贞元五年（789年）十月，长寿天亲可汗病死，其子多逻斯继立，被德宗册立为忠贞可汗，咸安公主继为忠贞可汗可敦。次年二月，忠贞可汗被其弟及和亲回鹘的叶公主毒死。所谓叶公主是唐勋臣仆固怀恩幼女，永泰元年（765年），仆固怀恩死，代宗念其平叛安史之乱有功，赦其后来反叛之过，养其"幼女"（《新唐书·回鹘传》称其为仆固怀恩之孙女）于宫中。乾元元年时，毗伽阙可汗求娶宁国公主，亦为其少子求婚，肃宗将仆固怀恩之女嫁之。可汗少子继立后为登里可汗，册立仆固怀恩之女为光亲可敦。大历三年（768年），光亲可敦死。次年，登里可汗再请和亲，代宗册立仆固怀恩幼女为崇徽公主，嫁与可汗。因仆固怀恩之子曾被回鹘封为"叶护"（仅次于可汗的官称），故称崇徽公主为叶公主。叶公主与登里可汗生有一女。叶公主所以参与毒杀忠贞可汗事，可能有为登里可汗复仇的因素。忠贞可汗被毒死后，其弟自立为可汗，旋被国人所杀，立忠贞可汗幼子缀为可汗，被唐册立为奉诚可汗，咸安公主继为可敦。贞元十一年（795年），奉诚可汗去世，骨咄禄继立，被唐册立为怀信可汗，娶咸安公主为可敦。元和三年（808年）三月，在回鹘生活二十一年的咸安公主去世，无后，凡嫁天亲、忠贞、奉诚、怀信四可汗。

咸安公主去世后，白居易奉命作《祭咸安公主文》曰：

惟姑柔明立性，温惠保身，静修德容，动中

*规度……及礼从出降，义重和亲，承渥泽于三朝，
播芳猷于九姓……故乡不返，乌孙之曲空传；归
路虽遥，青冢之魂可复。*

白氏将咸安公主比之汉代和亲异城、葬于他乡的乌孙
公主与王昭君，深叹公主出塞遥遥，故乡邈邈，哀悯
之情，跃然纸上。

自咸安公主死后，回鹘数次遣使请求和亲，由于
以往和亲朝廷花费甚多，不堪重负，所以皆被唐宪宗
拒绝。元和八年（813 年），回鹘保义可汗遣使请和
亲，复为宪宗所拒。回鹘于是遣三千骑至鸊鹈泉（今
内蒙古锦杭后旗北），耀兵于边，引起朝廷警觉，礼部
尚书李绛分析朝廷与回鹘形势后认为，如今"边忧有
五"：一是回鹘唯利是图，"殆欲风高马肥，而肆侵
轶"；二是边境"兵力未完，斥候未明，戈甲未备，城
池未固"；三是保塞依靠边将，决策却在庙堂，"虏猝
犯塞，应接失便"；四是自与回鹘修好以来，"山川形
胜，兵戍满虚"，皆为回鹘悉知，如果回鹘入侵，进退
自如；五是回鹘若与吐蕃相互攻击，边地可保无虞；
假如回鹘与吐蕃"结约解仇"，则"边人拱手受祸"。
和亲则有三利：一是"烽燧不惊，城堞可治，盛兵以
畜力，积粟以固军"；二是和亲后无北顾之忧，可专心
平息藩镇割据之乱；三是和亲回鹘，则使回鹘与吐蕃
矛盾逾深，"国家坐受其安"。针对唐宪宗和亲"费
多"的担忧，李绛认为如今天下赋税，三分之一用以
事边；而和亲所费不过东南一大县岁赋二十万缗（同

贯，一千钱）而已，"今惜物婚费不与，假如王师北征……岂止一县赋戋？"

李绛对时局所谓"五忧三利"的分析基本准确，所提建议也基本可行；唯有和亲所费不过一县岁赋二十万缗，显然是估计太低。唐宪宗曾命有司计算与回鹘和亲所需费用，"礼费约五百万贯"，绝非是一县之赋所能负担的。是时内有藩镇割据，外有边地侵扰，财政捉襟见肘，尽管李绛建言恳切，但是仍被唐宪宗拒绝。

元和末年，在回鹘持续请求和亲的情况下，唐宪宗考虑回鹘"有勋劳于王室，又西戎（指吐蕃）比岁为边患"，于是同意与回鹘和亲。但是未及实行，唐宪宗去世。穆宗李恒即位后，于长庆元年（821 年）将宪宗第十女封为太和公主，准备和亲。回鹘未及迎娶，保义可汗去世，崇德可汗继立，遣宰相、都督、公主等前来迎亲。同年七月，太和公主由长安出发赴回鹘和亲。次年正月，太和公主到达回鹘，被册立为可敦。宝历元年（825 年），宗德可汗去世，其弟曷萨特勒继立，被册立为昭礼可汗；大和六年（832 年），昭礼可汗被部下所杀，其侄胡特勒被册立为彰信可汗。开成四年（839 年），国相掘罗勿引沙陀共攻彰信可汗，可汗兵败自杀，国人另立盒馺特勒为可汗。是岁，回鹘饥疾流行，天降大雪，羊马多死，已显衰败预势，所立盒馺特勒可汗没有向唐朝请求封号。

开成五年（840 年）八月，黠戛斯阿热可汗与回鹘首领句录莫贺联合攻击盒馺特勒可汗，杀可汗及国相掘罗勿，焚烧可汗牙帐，悉收其宝赀，并得太和公主，回鹘诸部分散逃离。

黠戛斯唐初属薛延陀汗国，后为回鹘所败，成为回鹘属部。后因回鹘衰落，黠戛斯首领阿热自称可汗，回鹘屡次遣兵讨伐之，双方"挈斗二十年不解"。阿热可汗曾经放言："尔运尽矣！我将收尔金帐，于尔帐前驰我马，植我旗。"开成五年果遂其愿。由于黠戛斯自认为是汉将李陵后裔，与李唐同宗，又欲同唐朝交往，所以得太和公主后，遣使者达干奉送公主归长安。

回鹘盍馺特勒可汗被黠戛斯攻杀后，回鹘十三部拥立昭礼可汗葛萨特勒之弟乌希特勒为乌介可汗，据保错子山。得知黠戛斯送还太和公主，乌介可汗遣兵袭杀达干，掳走公主。于是乌介可汗不仅以太和公主名义请求册封，而且向朝廷借兵企图复国，又"借"天德城（今内蒙古乌拉特前旗北）"与太和公主居"。天德城是天德军治所所在，与振武军（治今内蒙古托克托北）西东相对，都是扼控阴山南麓的军事要镇。唐武宗虽然采纳宰相李德裕建议，派遣使者抚慰乌介可汗，输谷物赈济回鹘部众，但是拒绝借兵，以及"借"天德城。

乌介可汗见索取不成，于是挟持太和公主深入漠南，入云、朔二州，剽掠于天德、振武之间，杀掠百姓，盗取牲畜。至此，唐朝君臣认为不夺回太和公主，乌介可汗必挟持公主勒索不绝。会昌三年（843年）春，乌介可汗率众再侵振武城，河东节度使刘沔命麟州刺史石雄率三千骑偷袭可汗牙帐。石雄事先使人暗中通告公主，今夜将袭可汗，请公主"驻车不动"。入夜之后，石雄突然发动袭击，夺回太和公主，乌介可汗负伤，尽弃辎重，率数百骑狼狈而逃。

太和公主作为最后一位和亲回鹘的"真公主"，实是命乖运舛。公主远嫁之时，正值回鹘多事之秋，从长庆元年（821年）到开成五年（840年）短短二十年间，历经崇德、昭礼、彰信、盇馺特勒四可汗，其后便为黠戛斯阿热可汗所掳，在被送返长安途中，又被回鹘乌介可汗挟持，作为与唐朝讨价的筹码。对于这样一位本来就无法决定自己命运，又沦为人质的弱女子，唐武宗却赋以回鹘"国母"之重任，责以不堪之负。会昌二年（842年）冬，正当乌介可汗挟持公主忙于侵边时，武宗以赆公主冬衣为名，命宰相李德裕作《赐太和公主书》，斥责曰：

先朝割爱降婚，义宁家国，谓回鹘必能御侮，安静塞垣。今回鹘所为，甚不循理，每马首南向，姑得不畏高祖、太宗之威灵！欲侵扰边疆，岂不思太皇太后之慈爱。为其国母，足得指挥；若回鹘不能禀命，则是弃绝姻好。今日已后，不得以姑为词！

由于受到唐武宗的严厉斥责，会昌三年二月二十五日太和公主回到京城后，首先去太庙拜谒宪宗、穆宗神主；然后公主至光顺门，"去盛服，脱簪珥，谢回鹘负恩，和亲无状之罪"。太和公主毕竟是武宗的姑母，在公主谢罪后不便过度为难，于是武宗遣宦官宽慰，迎

125

入宫中，改封为安定大长公主。与武宗苛责态度不同的是，许多朝野臣民对历经磨难，重返长安的太和公主寄寓深切的同情，如李频《太和公主还宫》诗曰：

> 天骄发使犯边尘，汉将推功送夺亲。离乱应无初去貌，死生难有却回身。禁花半老曾攀树，宫女多非旧识人。重上凤楼追故事，几多愁思向青春。

有唐一代和亲史上，以与回鹘的和亲最具特色。肃宗为收复两京，借兵于回鹘，以宁国公主嫁与毗伽阙可汗，开中原王朝以"真公主"和亲之先例。德宗遣咸安公主、穆宗遣太和公主出塞，无不有借助回鹘之力，消弭外患内乱的因素在内。然而，由此也引发后世史家对回鹘"恃功"索求无度，"惟剽夺是视"的严厉指责。如果说《旧唐书·回纥传》"史臣曰"："比昔诸戎，（回纥）于国之功最大，为民之害亦深"，对于唐与回纥和亲评价在两可之间；而《新唐书·回鹘传》"赞"所谓借兵回鹘是"引外祸平内乱者也"，则或显偏颇激烈。

总体而言，唐与回鹘的和亲，不仅密切了双方的政治、经济、军事的交往，而且也促进了文化习俗融合，以及民间交往。安史之乱后，吐蕃占据河陇一带，阻塞经河西走廊通往西域道路，而唐与回鹘的和亲则保障了途经回鹘的草原丝绸之路的畅通，不失为中国古代和亲史上一个较为成功的范例。

# 五　元清时期的和亲

　　在中国古代和亲史上，宋、明两朝是一个比较特殊的时期，尽管都面临尖锐复杂的民族矛盾，朝野时常为所谓"战"、"和"问题所困扰，但均没有仿效汉唐通过联姻形式的"和亲"处理民族矛盾的事例。与宋朝对"和亲"排斥态度不同的是，两宋期间，辽、金、西夏等少数民族政权，皆积极以"和亲"为手段，联姻结盟，与宋朝相抗衡。而约在公元10世纪崛起的蒙古族，及其后所建的蒙元帝国，更是将"和亲"运用到极致，既有与汪古部、高昌回鹘的世代联姻，又有与夏、金短暂的联姻。两者是性质完全不同的"和亲"：前者是通过联姻结盟与国，为统一蒙古高原，以及稳定帝国西北局势服务；后者则完全是权宜之计，始于"和亲"，终于"殄灭"。蒙元帝国针对不同的民族与政权，在两类不同性质的"和亲"中捭阖纵横，最终取代南宋，成为中国历史上第一个由少数民族建立并统治的全国政权。

　　元朝灭亡后，退居大漠南北的蒙古部落仍然具强劲的攻击力，曾给有明一代造成严重的边患问题。与

127

明朝拒不与蒙古"和亲"不同的是，明朝末期崛起于白山黑水之间的女真部落，则以联姻为纽带，与蒙古诸部结成牢固的同盟关系，不仅使满族成功问鼎中原，而且有效消除了始终困扰明代的北部边患问题。满族与蒙古族世代绵延的联姻关系，体现出"满蒙一体"鲜明特色。所谓"南不封王，北不断姻"，是清朝始终奉行不替的基本国策。

## 蒙元帝国多元的和亲活动

蒙古部原为东胡系鲜卑同族室韦诸部中的一支，《旧唐书·北狄传》始称"蒙兀室韦"。据《北狄传》记载，初唐时蒙兀室韦居住于望建河（今额尔古纳河）下游峻岭丛林之中，以渔猎为生。据《蒙古秘史》记载，大约在 9 世纪末叶，成吉思汗的远祖孛儿帖·赤那，从额尔古纳河畔渡过呼伦湖，西迁至斡难河源头的不儿罕山（今蒙古肯特山）一带草原地区，开始游牧生活。孛儿帖·赤那的后裔分化形成诸多氏族部落，统称为尼伦蒙古。12 世纪初叶，成吉思汗的曾祖合不勒·合罕（《元史》作"咸补海罕"）统一尼伦蒙古诸落，"合罕"，即"可汗"之意。其后蒙古高原出现诸多蒙古部落，经过相互攻伐，至 12 世纪中叶，逐渐形成塔塔尔（又称鞑靼）、克烈、蔑儿乞及乃蛮四大部落。

1170 年，铁木真的父亲也速该曾被塔塔尔人毒死，铁木真因势力较弱，于是往依克烈部。克烈部分布于今鄂尔浑和土拉河流域，部主王汗本名脱斡邻勒。约在 12 世纪中叶，脱斡邻勒嗣父位为汗后，性情残暴，残杀诸叔与兄弟，后被其叔古儿汗逐走，得也速该出兵相助，恢复汗位。脱斡邻勒于是与也速该结为"安答"。1196 年，脱斡邻勒助金攻打塔塔尔部有功，受封为王，遂称"王汗"（又作"王罕"，《元史》作"汪罕"）。正由于克烈与乞颜有较深的渊源关系，铁木真借助克烈部的力量，相继攻破篾儿乞惕部、札木合诸部联盟及塔塔尔部等强敌。后因铁木真部众日益强大，王汗对其疑忌渐深。铁木真为维持与王汗的关系，建议"亲上加亲"，求娶王汗之女、桑昆之妹察兀儿为自己长子术赤之妻，并将女儿豁真嫁与桑昆之子秃撒合，但却被桑昆傲慢拒绝。据《蒙古秘史》载，桑昆企图以嫁察兀儿为名，请铁木真前来参加婚筵，准备伺机擒拿。结果事泄，1203 年，克烈部遭受铁木真的突然袭击，王汗兵败被杀，桑昆逃亡，后为龟兹人所杀，克烈部被铁木真兼并。

铁木真建议与克烈部"亲上加亲"，不论其本意如何，但确实在一定程度起到了麻痹对手的作用，导致克烈部的覆亡，乃蛮部于是成为蒙古高原上最后一个可以与铁木真相抗衡的势力。1204 年，铁木真在对乃蛮部用兵的过程中，再次以"和亲"为手段，与鞑靼"别部"汪古惕部联姻，企图攻灭乃蛮部。与铁木真与克烈部"和而不亲"有别的是，这是一次成功的"和亲"事例。

汪古惕，又释作"汪古"、"旺古"、"雍古"等，是分布于阴山（今内蒙古大青山）以北的突厥语族游牧部落。辽、金时又称白达达、白鞑靼，以区别于蒙古语族的鞑靼，或曰黑鞑靼。汪古部初臣属于辽，辽亡又臣属于金，为金朝防守净州（治今内蒙古四子王旗西）以北西南路边墙。蒙古语称边墙、长城为"汪古"，遂以"汪古"为其部落名。

乃蛮部属突厥语族，是蒙古高原西部势力最强大的游牧部落，初居谦河地区（今叶尼塞河上游），后始逐步南迁，散布于阿尔泰山一带。在蒙古人兴起以前，已建立起国家机构，拥有庞大的军队，经常同克烈部发生战争。在克烈部为铁木真兼并之前，乃蛮部已经分为南北二支：北乃蛮一支由不欲鲁汗统治，南乃蛮由不欲鲁汗的弟弟太阳汗统治。不欲鲁汗遭受铁木真的打击后曾向太阳汗求救，太阳汗拒不援助。铁木真在击溃北乃蛮不欲鲁汗及兼并无烈部后，兵锋直指南乃蛮太阳汗。

1204 年，南乃蛮太阳汗遣使向活动于漠南的汪古部主阿剌兀思（又译阿剌忽失）求助，"欲相亲附，以同据朔方"，共同攻击铁木真。尽管汪古部与乃蛮部同属突厥语族，而且双方又有姻亲关系，许多部众也有意与乃蛮部联合，但是阿剌兀思见乃蛮部已经内乱，势力大衰，料定太阳汗肯定不是兵势强盛的铁木真的敌手，不仅没有答应出兵相助，反而将太阳汗使者缚送铁木真处，并将太阳汗的意图告诉铁木真。铁木真对阿剌兀思的告密非常感谢，不仅以 500 匹马、1000只羊作为答谢，而且还要将第三个女儿阿剌海嫁与阿剌兀思，并约定与汪古部世代通婚和亲，结拜为兄弟（安答）与亲家（忽答），"同谋乃蛮"。阿剌兀思欣喜之下，应允出兵助铁木真攻击太阳汗。在蒙古铁骑的猛攻下，南乃蛮部土崩瓦解，太阳汗负伤而死，王妃被铁木真掳为妃妾。太阳汗的儿子古出鲁投奔北乃蛮，依托其叔叔不欲鲁汗。

铁木真称汗之后，命阿剌兀思管领汪古部五千户，娶成吉思汗女阿剌海为妻。1211 年，成吉思汗出兵攻金，阿剌兀思作为先导，引蒙古军出金西南路边墙。后因汪古部内乱，阿剌兀思被其部下杀死。由于史料记载相互抵牾，阿剌海公主和亲汪古部事不甚清楚。据一些学者研究，阿剌兀思死后，阿剌海公主按当时风俗，嫁与阿剌兀思之子不颜昔班；不颜昔班死后，又嫁给阿剌兀思侄子镇国；最后嫁与阿剌兀思幼子孛要合。史称阿剌海公主"睿有智略"，孛要合随成吉思汗出征时，公主"尝使留守，军国大政，谘禀而后行，师出无内顾之忧，公主之力居多"。

孛要合死后被追封赵王，阿剌海公主加封号赵国大长公主。阿剌海公主无子，孛要合别姬所生三子——君不花、爱不花、拙里不花。据《元史·阿剌兀思传》及《诸公主表》载，除拙里不花情况不详外，君不花娶定宗女叶里迷失公主，子乔邻察娶宗王女回纥公主，襄家台子娶宗王女亦怜真公主，襄家台子马札罕娶速哥八剌公主。爱不花娶世祖女月烈公主。爱不花子阔里吉思初娶裕宗女忽答迭迷失公主，继娶成宗女爱牙失里公主，弟尤忽难（一说为子）娶宗王女

131

阿失秃鲁公主，子朮安婆晋王女阿剌的纳八剌公主。有元一代，汪古部阿剌兀思后裔多娶公主为妻，地位颇为显赫。

《元史·诸公主表》载有元一代制度："非勋臣世族及封国之君，则莫得尚主，是以世联戚畹者，亲视诸王，其藩翰屏垣之寄，盖亦重矣。"成吉思汗许婚汪古部主阿剌兀思，是为蒙古部与所谓"封国之君"和亲之始，而且这一联姻至少延续到成宗铁穆耳年间（1295～1307 年），几近百年。通过世代联姻和亲，将"封君"视若宗室"诸王"，寄以藩捍疆域、拱卫王室的重任。

1206 年，铁木真统一蒙古诸部，被拥立为大汗，尊称"成吉思汗"，是时与之并存的尚有回鹘高昌、契丹西辽、党项西夏，以及女真金国等诸多民族政权。成吉思汗及其后继者运用军事打击与"和亲"的双重手段，笼络高昌，削平西辽、西夏及金国，最终统一中国。

早在唐文宗开成五年（840 年），回鹘汗国为黠戛斯人攻灭之后，部众分散，回鹘王子庞特勤率领 15 个回鹘部落西迁高昌古国（今新疆吐鲁番东），即唐西州地区，史称"高昌回鹘"，或"西州回鹘"。

回鹘自肃宗时与唐和亲，其后在与后梁、后唐、后晋、后汉、后周等政权交往时，皆尊称对方为"舅"，诸政权"每赐答诏，亦曰'外甥'"。北宋太平兴国六年（981 年），高昌王回纥可汗始称"阿厮兰汉"，意谓"师子王"，遣使朝贡于宋，自称"西州外生（甥）"；宋也遣使回报，双方保持通好关系。此时高昌回鹘的疆域，东过哈密，与西夏邻接；西过拜城，与喀喇汗王朝为邻；南至塔克拉玛干沙漠，其南为喀喇汗王朝辖地；北至古尔班通古特沙漠。辽朝建立后，高昌回鹘归顺辽国。1125年，辽国为金国所灭。耶律大石率部西迁，在漠北建立西辽政权，并将高昌回鹘纳入其势力范围，置官吏统治。

1209年，高昌亦都护（高昌国主称号）巴而尤阿而忒的斤因不满西辽的残酷统治，又得知成吉思汗已经崛起于漠北，于是杀西辽所置监国官吏，准备归顺成吉思汗。据成书至元年间（1264～1294年）作者佚名的《圣武亲征录》记载：

> 己巳（1209年）春，畏兀儿（高昌回鹘的元代称谓）国王亦都护闻上（指成吉思汗）威名，遂杀契丹主所置监国少监，欲求议和。上先遣按力也奴、答儿拜二人使其国。亦都护大喜，待我礼甚，即遣其官别吉思、阿邻帖木儿二人入奏，曰："臣窃闻皇帝威名，故弃契丹旧好，方将遣使来通诚意，躬自效顺。岂料远辱天使降临下国，譬云开见日，冰泮得水，喜不胜矣！而今而后，当尽率部众为仆为子，竭犬马之劳也。"

恰逢此时，成吉思汗扫荡乞蛮太阳汗残部，曾助太阳汗的蔑里乞部长脱脱被蒙古军所杀，脱脱四子遣使向高昌亦都护巴而尤阿而忒的斤求助。巴而尤阿而忒的斤于是斩杀其使，出兵与脱脱四子抗拒，借此向成吉思汗表达归顺的诚意。

　　1211 年，高昌亦都护巴而尤阿而忒的斤朝觐成吉思汗于怯绿连河（今蒙古克鲁伦河），表示愿意竭尽犬马之劳，居成吉思汗四子之末，为第五子。成吉思汗将公主也立安敦嫁与巴而尤阿而忒的斤，并排序于尤兀、察合台、窝阔台、拖雷之后，是为"第五子"。和亲之后，巴而尤阿而忒的斤率部曲万人，随成吉思汗西征，"纪律严明，所向克捷"，屡建大功。不过，据《蒙兀尔史记·畏兀儿驸马传》载，由于巴而尤阿而忒的斤正妃忌妒，"不令迎娶"。窝阔台即位后，再命迎娶；不久，公主与巴而尤阿而忒的斤都相继去世，此次和亲似乎没有真正成婚。

　　巴而尤阿而忒的斤死后，次子玉古伦赤的斤、孙马木剌的斤相继嗣亦都护位。马木剌的斤曾率探马军万人，曾从宪宗蒙歌攻取钓鱼山（今重庆合川东）。至元三年（1266 年），马木剌的斤死后，子火赤哈儿的斤继为亦都护。

　　至元五年（1268 年），元太宗窝阔台之孙海都，以成吉思汗生前有言，只要窝阔台有一个吃奶的后代，都比其他人有优先继承权，反对拖雷第二子忽必烈称汗，联合西北诸王帖木迭儿、都哇及其弟卜思巴等同忽必烈对抗。海都帖木迭儿、都哇及其弟布思麻据其统辖叶密立（又作也迷里，今新疆额敏）一带原窝阔台和贵由的封地发动叛乱，建立窝阔台汗国，企图谋夺汗位重归窝阔台一系。海都之乱一时声势浩大，忽必烈不得不征调攻宋兵力北上平乱。由于高昌（畏兀儿）西邻叶密立，首先成为海都攻击的目标。为躲避兵燹，高昌部众纷纷逃散，亦都护火赤哈儿的斤奉忽必烈之命，安抚召集离散部众，据保火州城（今新疆吐鲁番）。至元十二年（1275年），都哇与其弟卜思巴等率兵十二万，在言溃阿只吉、奥鲁只诸王所率三十万大军之后围攻火州城，扬言"尔敢以孤城当吾锋乎？"亦都护火赤哈儿的斤则表示："吾生以此城为家，死以此城为墓，终不能从尔也！"

火州城被围困6个月之后，食尽粮绝，岌岌可危，但是都哇仍不能攻取火州城。都哇大惑不解，于是以书系矢射城中曰："我亦太祖皇帝诸孙，何以不附我？且尔祖尝尚公主矣。尔能以女与我，我则休兵；不然则急攻尔。"城中百姓骚动不安，担心与城俱毁。在这种危急形势下，亦都护赤哈儿的斤表示："吾岂惜一女而不以救民命乎！然吾终不能与之相见。"遂将其女也立亦黑迷失公主"厚载以茵（泛指毛毯一类铺垫），引绳缒城下而与之"，都哇于是撤军解围。其后亦都护赤哈儿的斤入朝，忽必烈因其守卫火州有功，许婚元定宗由贵之女巴巴哈儿公主，又赐钞十万锭，赈济其民，并命其还镇火州。此次和亲仍未成婚。亦都护赤哈儿的斤因火州城破损严重，移镇州南哈密力（今新疆哈密），结果遭到海都叛军突袭，寡不敌众，力战而死。

火赤哈儿的斤战死后，其子纽林的斤年纪尚幼，但为报父仇，至北京朝觐，请求率兵北征。忽必烈赞赏其志，"赐金币巨万"，并以太宗窝阔台孙女不鲁罕公主嫁之；不鲁罕公主死后，续娶其妹八卜叉公主，生有二子。八卜叉公主死后，又娶忽必烈子安西王忙哥剌之女兀剌真公主为妻。纽林的斤三娶元公主，恩宠之深，在元室与"封国之君"和亲史上仅此一例。

纽林的斤后奉忽必烈之命北征，出镇永昌路（约位于今甘肃河西走廊东部）。至元二十三年（1286年），因吐蕃脱思麻作乱，忽必烈命纽林的斤为荣禄大夫、平章政事，率领本部探马等军万人镇守吐蕃宣慰司（治河州，今甘肃临夏）。元代荣禄大夫为从一品，自纽林的斤以降，出镇吐蕃宣慰司者再无如此高秩，可见朝廷对其依赖之深。

纽林的斤不辱使命，镇守吐蕃宣慰司几近二十余年，"威德明信，贼用敛迹，其民赖以安"。元武宗（1308～1311年）时召还永昌，"嗣为亦都护，赐之金印，复署其部押西护司之官"。元仁宗时封纽林的斤为"高昌王"，赐以金印，规定"其王印行诸内郡，亦都护印行诸畏兀儿之境"，并命纽林的斤兼治领火州兵，"复立畏兀尔城池"。延祐五年（1318年），纽林的斤在永昌去世。

纽林的斤与八卜叉公主所生长子帖木儿补化，大德年间（1297～1307年）娶窝阔台次子阔端太子孙女朵儿只思蛮公主为妻，嗣为亦都护高昌王。天历二年（1329年），帖木儿补化拜为御史大夫，其弟籛吉继为亦都护高昌王。

高昌回鹘与蒙元的和亲，如果算上亦都护赤哈儿的斤女也立亦黑迷失公主被迫与都哇"和亲"，共有6位公主在两个民族政权之间实现通婚。

高昌回鹘地处东西交通要冲，受到中西方文化的双重影响，在当时北方民族中是文明程度较高的政权之一。蒙元与高昌回鹘的和亲通婚不仅密切了双方的交往，而且对双方的政治制度及文化互补产生积极影响。现行蒙古文字的前身，是采用回鹘文字拼写的。据冯承均先生研究，约成书于1252年著名的《蒙古秘史》的最初文本，就是用畏兀儿体蒙古文撰写的，是蒙古大汗命宫廷内的畏兀儿族（包括加入蒙古诸部的畏兀儿商人）必阇赤（书记官）记录蒙古人的口传的传说、故事、事迹、诗歌等，加以文学润色而成，是蒙古、畏兀儿两族文化交流与合作的结晶。

有元一代，高昌人在社会各个领域都非常活跃，出现许多官宦世家，成为辅佐元朝的一支重要力量，据有学者统计，出身高昌者出任宰相之职就有二十余人，其他官吏不可计数。元代著名学者虞集（1272～1348年）于泰定五年（1328年，是年二月改元致和，九月改元天顺、天历）应高昌人荣禄大夫玛噜所请，为其先人撰写《神道碑》时录玛噜自述说："昔我先世胄繇高昌，未内附以前者，事逸不可考。自归国朝，曾大父、大父至于我先人，历事祖宗，至于今且百余年。"对此，虞集深有感慨地说："今高昌之人，内侍禁近，外布行列，语言文字之用，尤荣于他族，而其人亦多贵且贤，若王之家，又方以文学承之，盖高昌之所鲜有者也。"

蒙元帝国与西夏、金朝也进行和亲，这是与汪古部、高昌回鹘性质完全不同的另一类和亲模式。

西夏是党项族在西部地区建立的一个地方政权。

唐末僖宗时，党项部首领拓跋思恭被朝廷封为夏州节度使，因平定黄巢起义有功，赐姓李，封夏国公。此后拓跋思恭及其李姓后代均以夏国公为号，成为以夏州（治今陕西榆林市横山）为中心的藩镇割据势力。经过多年的经营，李氏家族控制的区域不断扩大。李德明即位后，极力向河西走廊发展，南击吐蕃，西攻回鹘，拓展党项族势力范围。1019 年，李德明以怀远镇（今宁夏银川）为都城，改名兴州，对外仍向宋、辽称臣。1038 年，李元昊称帝，国号大夏。因位于宋朝西部，史称西夏。李元昊相继发动三川口、好水川、麟府丰之战、定川寨等四大战役，歼灭宋军西北精锐数万人。1044 年，李元昊在河曲之战中击败率精锐十万亲征的辽兴宗，形成宋、辽、夏三分天下的政治格局。女真兴起后，西夏又向金称臣。在以军事手段自保拓展的同时，西夏也积极开展"和亲"活动，周旋于吐蕃、辽、金等民族政权之间。

13 世纪初，蒙古帝国崛起后，西夏与其东邻金国则成为成吉思汗打击的对象。元太祖四年（1209 年），成吉思汗亲率大军进攻西夏，兵抵怀远城下，并决堤引黄河水灌城。夏襄宗李安全遣使向金求救，金朝大臣认为西夏若亡，蒙古必移兵攻金，因此都主张出兵救助，与西夏夹击蒙古军。金主却以为"敌人相攻，吾国之福，何患焉？"拒绝出兵。夏襄宗李安全无奈之下，"纳女请和"。由于溃堤之后，河水外溢，蒙古军也遭水淹，成吉思汗应允和亲，撤军而去。夏襄宗李安全所献夏公主名"察合"，后为成吉思汗可敦，史称

"察合可敦"。作为"和亲"中的弱势一方，西夏为此又付出巨大的经济代价。《蒙古秘史》载李安全向成吉思汗"和亲"时表示：

> 我们愿为您效力。但是我们是定居地区的居民，住在建筑好的城郭里。若有急速征战，激战厮杀，不能随从急速征进，不能随从激战。若蒙成吉思汗降恩，我们唐兀惕（即西夏）百姓愿把席棘草（产于西夏的一种优质牧草）丛中饲养长大的众多骆驼献给您做贡赋，愿把亲手织好的毛织缎匹献给您，愿把调教好的猎鹰，经常拣好的敬献给您。

据《西夏书事》卷 23 载，夏天赐礼盛国庆三年（1071 年），操持国政的夏主母梁氏，因畏惧吐蕃大首领董毡多次率兵侵夏，于是"以女请归于"董毡之子蔺通比。清人吴广成"按"曰："自古两国和亲，有请婚，有乞婚，未有以女请归者。以女请归，几同献女矣。"不过三十多年，西夏再次上演名为"纳女请和"，实为"献女乞降"的一幕。

夏襄宗李安全"纳女请和"，虽然暂时避免亡国厄运，从此却沦为蒙古帝国的附庸。蒙古帝国对西夏横征暴敛，胁迫出兵攻金，稍有不从，便以兵锋相威。西夏光定七年（1218 年），夏神宗李遵顼因"征发日多，不堪奔命，礼意渐疏"，成吉思汗大怒，遣军渡河，再次围攻中兴府。李遵顼命太子李德任坚守都城，自己则出走西凉避难。西夏再次遣使请降后，蒙古兵方退。1227 年，企图以"和亲"而苟延残喘的西夏，最终还是被蒙古帝国灭亡。

金国是中国历史上以女真族为主体建立的王朝。女真族先祖最初生活在长白山和黑龙江流域，受契丹辽所统治。辽朝末年，女真族已成为北方一支不可小觑的力量。女真完颜部首领完颜阿骨打统一女真各部，誓师伐辽。辽天庆五年（1115 年），完颜阿骨打称帝建国，国号大金，年号收国。金天会五年（1127 年），金军攻占北宋都城开封，虏获徽、钦二帝，北宋灭亡，至此形成金、南宋、西夏并峙的格局。

蒙古与金人世为仇敌。据《蒙古秘史》记载，成吉思汗曾祖合不勒·合罕，曾与塔塔儿（即塔塔尔）部因一巫医引发冲突。为平息事端，合不勒·合罕许诺将一个女儿嫁与塔塔儿部的一个首领，并且亲自送女儿前去完婚，结果却被塔塔儿人捕送金廷。1146 年，金熙宗以"惩治叛部法"的名义，将合不勒·合罕钉死在木驴上。合不勒·合罕死前曾派人传话给其子侄说："我身为全体人的合罕、国主，亲自送女出嫁（这件事你们当以我为戒），被塔塔儿部人擒住了。哪怕你们的五个指头的指甲全部秃尽了，十个指头全部磨尽了，也试着要为我报仇！"

在金朝强盛之时，蒙古诸部受其役使，曾出兵助金攻辽。金人曾许诺重金酬谢，但灭辽后金人不仅没有履约，反而不断出兵袭击蒙古诸部，双方仇怨愈结深。铁木真称汗后，"始议伐金"，为曾祖复仇，只是考虑时机尚未成熟，才没有即刻出兵，仍朝贡于金。1209年，成吉思汗率军攻西夏，迫使夏襄宗"献女请和"，就是为拆散金与西夏联盟，除去金朝西北屏障，准备伐金之前奏。次年，即位不久的金卫绍王完颜允济遣使蒙古，强迫成吉思汗拜受诏书。成吉思汗向南而唾，轻蔑地说："我谓中原皇帝是天上人做，此等庸懦亦为之耶，何以拜为！"彻底断绝与金朝的往来关系，准备伐金。金贞祐元年（1213年）秋，蒙古兵分三路，大举伐金。次年三月，成吉思汗大破金军，进抵金中都北郊。当时蒙古诸将皆请"乘胜破燕"，成吉思汗不允，遣使告金宣宗完颜珣曰：

> 汝山东、河北郡县悉为我有，汝所守惟燕京耳。天既弱汝，我复迫汝于险，天其谓我何。我今还军，汝不能犒师以弭我诸将之怒耶？

成吉思汗所以提出以"犒师"名义与金宣宗议和，除当时战事主要是在金朝北部地区展开，是时蒙古尚无绝对优势一举攻灭金朝外，蒙古军队入关之后水土不服，出现瘟疫，也不可能长期围困有重兵驻守的中都，这也是一个重要原因。当时，金朝内部因战和争议不休。元人陈桱所撰《通鉴续编》卷20载，金丞相高琪向宣宗建议，趁蒙古"人马罢病，当乘此一战"。此议遭到左丞相完颜承晖的反对，认为"我军虽在都城，家属则居各部，其人心去留未可知。若出兵与战，败则俱散，胜则亦亡。社稷安危，在此一举。盍遣使议和，得彼出居庸关后，国乃可议耳"。是时中都形势相当危急，城中乏粮，军民多有饿死。困守孤城的宣宗完颜珣别无选择，只能接受成吉思汗的条件，遣使求和，以已故卫绍王之女岐国公主"和亲"，遣完颜承晖为使，送成吉思汗北出居庸关。

贞祐二年（1214年）的蒙金"和亲"，完全是城下之盟的结果，对于金朝君臣及公主而言，都是充满屈辱的经历。据《大金国志》卷24载，蒙古使者至城中挑选公主，"时公主见在者七人，惟东海郡侯（即卫绍王完颜允济，因内乱被杀，降封为侯）少女小姐姐最秀慧，遂以予之"。不仅如此，使者"又令主（指金宣宗）乡其国遥拜，主不敢拒。又以元师围燕之久，未尝掳掠，欲得犒军金帛，主亦从之。"其中蒙古使者令金宣宗向其国"遥拜，主不敢拒"的记载最为传神；若是与三年前金使曾命成吉思汗拜受诏书，被其轻蔑拒绝事相对照，国之盛衰，君之荣辱，当在转瞬之间。

《大金国志》旧题为南宋宇文懋昭所撰，但据学界研究，编者当系元中叶书铺中人，托名宇文懋昭，缀集诸书而成，内容良莠并存。蒙古使者折辱金宣宗事是否属实，已不可考。成书于清末的《蒙兀尔史记·后妃传》却提供了另外一个故事版本，蒙古使者阿剌浅至中都城后，"即拜公主于阶下，请公主向蒙兀国遥拜，公主不敢拒。"将"金主"换作"公主"，似乎刻意掩饰关于金宣宗受辱的记载；而且也显示出蒙金由"世仇"，向"满蒙一体"转化的历史轨迹。

　　金国毕竟是当时一大国，虽然因城下之盟被迫"和亲"，但护送宫中呼为"小姐姐"的岐国公主至蒙古成亲的仪式却相当隆重，陪嫁奁资极为丰厚，金银各万两，缯帛各万匹，童男女五百人，绣衣三千袭，御马三千匹，公主的母亲钦圣夫人袁氏陪同前往。史称"班师归国，国人耀之，呼之曰公主可敦"。成吉思汗因岐国公主出身高贵，颇为宠爱呵护，为公主在哈拉和林城（今蒙古乌兰巴托西南）北、斡耳寒河（今蒙古鄂尔浑河）西岸建立斡儿朵。斡儿朵是宫帐之意，在成吉思汗四十多位妻子中，有斡儿朵的只有四位，岐国公主就是其中之一。全真道士丘处机在远赴西域，劝说成吉思汗减少杀戮时曾路过哈拉和林城，金与西夏的两位和亲公主——岐国与察合，分别遣使赠送御寒物品与食物。岐国公主无后，年寿较高，据说一直活到 1260 年忽必烈弟阿里不哥在哈拉和林被推举为大蒙古国大汗之时。如果此说属实，岐国公主在蒙古至少生活了 34 年之久。

　　天兴二年（1233 年），金人还试图利用"公主在朝"的所谓"和亲"关系，进行最后一次挽救灭亡命运的努力。是年正月，金都汴梁（今河南开封）在蒙古大军的围攻下危在旦夕，金西面元帅崔立等举兵作乱，杀参知政事完颜奴申、枢密副使完颜斜捻阿不等大臣。此前金哀宗已经北渡黄河，逃至归德（今河南商丘），宫中仅留皇太后王氏等眷属。崔立勒兵入见王太后，胁迫太后立原卫绍王完颜允济太子从恪为梁王，监国。完颜从恪自其父 1213 年被杀后遭禁锢多年，如果不是因为"其妹公主（指岐国公主）在北兵中"，绝无复出可能。四月，自立为郑王的崔立，以金哀宗的名义，搜刮许多金银，送太后、皇后两宫，梁王从恪、荆王守纯及宗室男女五百余人至设在汴梁南郊青城的蒙古速不台军帐中递降表。这也是《蒙兀尔史记》所谓"金义宗（金遗民为金哀宗所上的庙号）请和，以梁王从恪来质，其降表亦以'王妹公主在朝为言'"的最初版本。

正如西夏"纳女请和"，不能避免亡国命运一样；崔立遣岐国公主之兄完颜从恪乞降，以为凭借"王妹公主在朝"，可以苟延残喘，同样也得不到蒙古人的一丝怜悯。更具讽刺意味的是，就在郑王崔立送皇太后、皇后、梁王、荆王及诸宗室出汴梁赴青城乞降未归之时，蒙古大军已突入城中，"兵先入其家，取其妻妾宝玉以出，（崔）立归大恸，无如之何"。崔立后为其将领李伯渊等所杀。被送到青城蒙古军中乞降的金室宗族、梁王从恪、荆王守纯等人的命运也十分悲惨，史称"皆及于难"。天兴三年（1234年）正月，金哀宗被蒙古与南宋联军围困在蔡州（今河南汝南）。自知亡国在即的金哀宗自缢宫中，金朝灭亡。

公元1127年，金军就是在青城受降，掳获北宋徽、钦二帝及后妃、皇族及臣民三千多人；107年后，历史再一次重演，蒙古灭金，完颜皇族、大臣也在青城沦为阶下囚。曾经亲眼目睹青城受降的诗人元好问，留下"兴亡谁识天公意，留着青城阅古今"的浩叹，道不尽王朝兴亡废替的悲怆之感。

## ②  "北不断姻"：满蒙的世代联姻

清王朝是以满族与蒙古族上层贵族为主体建立的中国古代最后一个王朝。有清一代，清廷一方面以世代绵延的满蒙联姻笼络、羁縻蒙古各部首领，维系满蒙的世代和好关系；另一方面实行分而治之的"扎萨克制"，即盟旗制度，将归附的蒙古部众按八旗制度，在其原有社会制度基础上编制盟旗，从而实行最有效的控制。

康熙初年剪除三藩之后，实行"北不断姻"、"南不封王"之策。所谓"北不断姻"，即清廷统治者与蒙古族王公贵族世代联姻和好；"南不封王"，即不再分封出身汉族的功臣为王。这是清廷始终奉行不替的基本国策之一。

"北不断姻"的重要意义，使蒙古族不仅成为清廷统治全国最重要的同盟者，也是维护北部边疆地区安定最可依赖的力量。正如《清史稿·藩部一》"传序"所说："清起东夏，始定内盟……屏翰之重，所以宠之；甥舅之联，所以戚之；锐刘之卫，所以怀之；教政之修，所以宣之。"

满蒙的世代联姻，首先发生在建州女真与漠南蒙古科尔沁部之间。

明万历十一年（1583 年），建州女真努尔哈赤以父祖十三副遗甲起兵，开始统一女真各部的征战。当时散居于白山黑水之间的女真族，经过长期战争、迁徙、融合，逐步分化为建州、海西、东海三大部分。努尔哈赤首先统一建州女真，然后攻取东海部，最后征服海西部。而是时蒙古族虽然自明初被逐出中原，但在北部边境始终是一支非常活跃的势力，不仅长期占据河套地区，而且经常威胁京畿地区安全，发生于正统十四年（1449年）的土木堡（今河北怀来东南）之变，明全军溃败，英宗朱祁镇被俘，京城告急，显示出强劲的实力。明朝末年，蒙古诸部以大漠为中心，分成漠南、漠北、漠西三大部分，与女真毗邻的主要是漠南蒙古科尔沁等部落。科尔沁是漠南蒙古诸部中势力较为强盛的部落之一，明末时分为三部，分别由纳穆赛及三个儿子：长子莽古思、次子明安、三子孔果尔，以及纳穆赛的侄子翁果岱、图美卫征统领。最早与后金立关系的主要是纳穆赛一系。

面对日益强盛的努尔哈赤，海西、东海女真诸部与蒙古科尔沁都面临着严重威胁。万历二十一年（1593年），科尔沁首领翁果岱、莽古斯、明安等率领万余骑兵，与女真叶赫部首领布斋所纠集的哈达、乌拉、辉发、科尔沁、锡伯、卦尔察、珠舍里、纳殷诸部结成联军，共有九部三万多人，攻伐努尔哈赤统领的建州女真部，史称"九部之战"。九部联军虽然声势浩大，然而却各揣私意，矛盾重重，根本上无法实现统一指挥。努尔哈赤认为联军虽然人数虽多，但却是"乌合之众"，如果"我以逸待劳，伤其一二台吉（泛指蒙古、女真各部首领），众自溃"。战事的发展果然如努尔哈赤所料，经浑河上游古埒山（今辽宁省新宾附近）一战，建州女真大获全胜。明安马陷泥淖，险些被俘，易骁马后才侥幸逃脱。

是时羽翼尚未丰满的努尔哈赤，为全力对付明朝，解除后顾之忧，避免与明朝、蒙古两线作战，也加紧进行对科尔沁的笼络与怀柔活动。努尔哈赤将被俘的蒙古将士优待放还，以此向科尔沁部首领示好。军事打击与怀柔羁縻的交替使用，收到较好的效果。次年，科尔沁部明安、莽古斯等先后派遣使者，向努尔哈赤贡献马匹、骆驼请求通好，科尔沁部开始与建州女真部交往的历史。

当时，科尔沁部服属于漠南蒙古察哈尔部林丹汗。1604 年继承汗位的林丹汗，不仅是蒙古察哈尔部的大汗，也是蒙古最后一任大汗，自称是"四十万众蒙古国王"，在所有蒙古诸部中势力最为强盛。林丹汗在辽庆州旧址上修建瓦察尔图察汉城（又称白城，今内蒙古赤峰），作为自己的统治中心，以此遥控其他蒙古部落。为防止后金的势力逼近蒙古地区，林丹汗多次裹挟包括科尔沁部在内的蒙古诸部与后金发生激战，都以林丹汗获胜而告终。明朝也有意利用林丹汗与后金的矛盾，牵制努尔哈赤势力的南下，因此与林丹汗开边市通商，每岁输入白银千两以示支持。努尔哈赤则以通婚联姻为手段，以笼络科尔沁、内喀尔喀诸部，以舒缓来自漠南察哈尔林丹汗方面的压力。科尔沁诸落也因为不满林丹汗无厌索要和肆意欺凌，也逐渐向后金靠拢。

万历四十年（1612 年）正月，努尔哈赤得知科尔沁明安之女博尔济吉特氏"颇有丰姿",于是遣使求娶。明安女儿最初接受海西女真乌拉贝勒满泰之弟布占泰（又作布占泰尔,此处从《清史稿》）的聘礼。在万历二十一年（1593年）的"九部之战"中,布占泰被努尔哈赤生擒。努尔哈赤为笼络女真扈伦部中势力最大的乌拉部,布尔泰不仅没有被杀害,反被努尔哈赤收养,并先后将第四女与侄女嫁与布占泰尔为妻。三年后,乌拉部发生内乱,贝勒满泰父子皆被杀死,努尔哈赤派兵护送布占泰回归乌拉部,继为贝勒。布占泰尽管十分感谢努尔哈赤助其统辖乌拉部,但是并不愿意完全臣服,于是又与叶赫等部联络,不断与努尔哈赤发生冲突。万历四十年（1612年）九月,努尔哈赤率军亲征,布占泰被迫纳质乞和。明安正是看到布占泰败局已定,因此欣然接受努尔哈赤的求婚,将女儿送与努尔哈赤成婚,由此揭开满蒙世代联姻之序幕。

努尔哈赤所以特别重视,并首先与蒙古科尔沁部联姻,这与科尔沁的地理位置有密切关系。明末科尔沁部主要活动于松辽平原西北端,西、北皆邻蒙古诸部,南邻明朝北边,东与女真相接。这种独特的地理位置,使科尔沁也成为其他女真部落都极力争取的对象。努尔哈赤取明安女为妻,不仅是为笼络科尔沁并与之结盟,同时也是为离间科尔沁与女真其他部落的关系,所以在知道明安女儿已经许聘的情况下,仍然求婚的原因所在。

自努尔哈赤与明安的女儿联姻后,在漠南蒙古诸部中,科尔沁部是与后金联姻最为频繁的一部。万历

四十二年（1614 年）四月，努尔哈赤第八子皇太极娶
莽古思之女哲哲为妻，后来被尊为孝端皇后。次年，
努尔哈赤又娶孔果尔之女为妻。万历四十四年（1616
年），努尔哈赤统一满洲女真各部，在赫图阿拉（今
辽宁新宾西）称汗，建立"后金"，建元"天命"。
天命二年（1617 年）正月，科尔沁明安率部众前来
朝见，努尔哈赤出京城百里之外与明安相见，热情款
待，并亲自送出京城三十里，在外住宿一夜而还。努
尔哈赤以如此罕见隆重的礼节款待明安，显然是在刻
意招诱蒙古诸部归附女真后金。天命八年（1623
年），孔果尔又以女嫁努尔哈赤第十二子阿济格。这
两次婚姻，努尔哈赤父子分别娶孔果尔两个女儿为
妻。其后，努尔哈赤第十四子多尔衮娶明安第四子桑
噶尔寨之女为妻。天命十年，莽古思之子宰桑将女儿
博尔济吉特氏，即孝端皇后的亲侄女嫁给皇太极，即
历史上有名的孝庄皇后，顺治皇帝的生母。天命十一
年（1627 年），努尔哈赤将其弟舒尔哈齐之子图伦的
女儿——因养育宫中被封为肫哲公主，嫁与科尔沁翁
果岱之子奥巴，是为后金时嫁与科尔沁部的第一位满
族公主。太宗皇太极即位后，双方的联姻更为频繁。
据有的学者考证，仅在清太祖、太宗两朝，满蒙联姻
多达 115 人次，而与科尔沁部的联姻则多达 37 人次，
高居满蒙联姻之首。由于科尔沁部最早归附，后金、
清室许多后妃都出于是部，而且随同满军征战，功劳
卓著，在归顺的蒙古诸部中地位最高。魏源《圣武
记》卷三称：

科尔沁从龙佐命，世为柿附（同"肺腑"），与国休戚。孝端文皇后、孝庄文皇后、孝惠章皇后，皆科尔沁女。故世祖（顺治）当草创初，冲龄践祚，中外帖然，系蒙古外戚扈戴之力。自天命至乾隆初，额驸尚主者八。有大征伐，辄属橐前驱。劳在王室，非直亲懿而已。

清人张穆所撰《蒙古游牧记》中，记载乾隆巡视科尔沁部时所写的一首诗，表达清室与科尔沁部密切的联姻关系：

> 塞牧虽称远，姻盟向最亲。嗣徽彤管著，绵泽砺山申。设候严喧沓，清尘奉狩巡。敬诚堪爱处，未忍视如宾。

后金除与科尔沁部联姻之外，也积极与漠南其他蒙古部落通过联姻建立同盟关系。是时活动于喀尔喀河（今内蒙古哈拉哈河）流域的内喀尔喀部落，由于邻近黑龙江，也是努尔哈赤积极争取蒙古部落之一。万历二十二年（1594 年），"九部之战"后，内喀尔喀贝勒老萨见努尔哈赤势力强盛，首次向努尔哈赤遣使通好。万历三十四年（1606 年），是时内喀尔喀已经分裂为巴林、札鲁特、巴岳特、乌齐叶特、弘吉剌特等五部，五部之一的巴岳特部首领恩格德尔，会同其他诸部首领前来朝贡，尊崇努尔哈赤为"神武皇帝"，史称"自此蒙古诸部朝贡岁至"，表明喀尔喀五部同女真已经建立比较松散的联盟关系。

　　天命二年（1617 年），努尔哈赤将其弟舒尔哈齐第四女嫁给恩格德尔，号为"额驸"，成为满蒙联姻后的第一位蒙古"额驸"。恩格德尔从此更加效命于努尔哈赤，多次随努尔哈赤征伐明朝。天命四年（1619年）三月，恩格德尔参与著名的萨尔浒之战，攻克抚顺城。同年十一月，恩格德尔同其父达尔汉巴图鲁促使喀尔喀五部首领与努尔哈赤订立针对明朝的攻守同盟："如征之，必同心合谋，直抵山海关，负此言者，天神鉴之。"据有学者统计，终太祖、太宗两朝，与喀尔喀的通婚就达到 14 次之多。

　　努尔哈赤所以重视与内喀尔喀诸部通过联姻建立同盟关系，除了共同对付明朝外，还一个重要的因素，就是内喀尔喀部直接受到察哈尔林丹汗的控制，并由此遥控整个蒙古部落。在努尔哈赤统一女真诸部的初期，内喀尔喀部与科尔沁等部均卷入林丹汗与努尔哈赤的战争之中，并且屡次击败努尔哈赤。努尔哈赤在巩固辽东的统治之后，开始将注意力转向察哈尔部。首先对察哈尔的外围内内喀尔喀、科尔沁等部采取通过联姻的方式，离间、拉拢科尔沁、内喀尔喀等部，并先后与之建立同盟关系，战争胜负的天平开始向后金一方倾斜，统一漠南蒙古诸部的时机已经到来。

　　天命十年（1625 年），察哈尔林丹汗入侵科尔沁奥巴部，努尔哈赤命皇太极等率精骑五千前往救助，林丹汗见形势不利，率军逃遁，后金开始了统一漠南蒙古诸部的战争。天命十一年（1626 年）五月，由于林丹汗统治中心瓦察尔图察汉城设在内喀尔喀巴林部境内，努尔哈赤亲统大军，分兵八路，首先进攻流移于察哈尔与后金之间的巴林部，迫使巴林部归顺后金。同年八月，努尔哈赤去世。皇太极即位，加快统一漠南蒙古诸部的步伐，将军事行动的锋芒直指察哈尔部。经过一系列征战，察哈尔势力大衰，原先后其控制的蒙古诸部，如喀喇沁等部都纷纷归顺后金。

天聪六年（1632年），皇太极第三次征伐察哈尔，会集归顺后金的蒙古科尔沁、内喀尔喀、喀喇沁等部落于西拉木伦河岸，总兵力多达10万人。闻知后金大军压境的消息，林丹汗率部仓皇西撤，渡过黄河，逃至河套鄂尔多斯地区。后金联军穷追不舍，攻下林丹汗重军驻守的赵城（今内蒙古呼和浩特）后，得知林丹汗远遁，方撤军回归，沿途收拢林丹汗散部数万人。经过是役的打击，林丹汗一蹶不振，在逃亡途中病死于大草滩（约位于今甘肃民乐东南），其子额哲继为察哈尔汗。天聪九年（1635年）四月，皇太极命多尔衮等率军远征逃至鄂尔多斯的察哈尔余部，额哲与母亲苏泰太后献元传国玉玺投降，纵横大漠多年的最后一个蒙古帝国从此退出历史舞台。

征服察哈尔后，为安抚察哈尔部属，皇太极封额哲为察哈尔亲王，将二女儿马喀塔公主嫁与额哲。额哲死后，按照满蒙"兄死妻其嫂"的习俗，马喀塔公主转嫁额哲之弟阿布鼐，生子布尔尼。

皇太极平定察哈尔，在后金历史上是一个具有标志性的重大事件。天聪十年（1636年）三月，归顺后金的漠南蒙古诸部首领四十多人齐会盛京，共遵皇太极为"和尔摩斯达额尔德穆图博克达撤辰汗"，承认皇太极也是蒙古大汗。同年四月，皇太极即皇帝位，国号大清。魏源《圣武记》卷3认为，皇太极平定察哈尔，得元传国玉玺，受蒙古王公贵族"上尊号，改元崇德，是为我大清受命之始"。从此清廷可以依托稳固的后方，借助蒙古部落能征善战的精锐骑兵，心无旁骛地用兵中原。

1644年，清廷入主中原后，继续实行满蒙联姻的政策。在顺治的后妃中，许多都出于蒙古部落，废后、孝惠章皇后、淑惠妃等皆来自科尔沁部落。顺治年间，陆续有公主出嫁至蒙古诸部，如顺治二年（1645年），皇太极与孝端文皇后所生第八女嫁土谢图亲王巴达礼之子巴雅斯护朗；顺治五年（1648年），皇太极与孝庄皇后所生第五女阿图嫁巴林郡王色布腾。阿图公主是孝庄皇后的爱女，孝庄皇后生病时，康熙将公主迎到宫中侍疾，以后多次入朝，康熙下令为公主设护卫长史，等同于贝勒。1656年，顺治遣官吏赍敕书币帛，遍赐漠南蒙古诸部首领曰：

> 朕方思致天下于太平，尔等心怀忠荩，毋忘两朝恩宠。朕世世为天子，尔等亦世世为王，享富贵于无穷，垂芳名于不朽，不亦休乎！

表明清廷希冀在中原初定的形势下，通过与漠南蒙古部落的姻亲关系，结成清天子与蒙古王世代联盟，共享"富贵于无穷"。康熙年间,继续实行与蒙古王公联姻的政策。据《清史稿·公主表》,在康熙二十位女儿中,除十二位女儿因早殇未封公主外,其余八位公主中,就有六位公主嫁与蒙古王公。

虽然漠南蒙古部落在清初基本都归顺朝廷,但清朝在漠南蒙古的统治真正确立,却是在康熙十四年(1675年)平定察哈尔亲王布尔尼叛乱之后。康熙八年(1669年),继娶马喀塔公主的察哈尔亲王阿布鼐因不遵清制,被剥夺王位,马喀塔公主所生之子布尔尼继任为察哈尔亲王。康熙十四年,布尔尼与其弟罗卜藏准备趁清廷忙于平定三藩叛乱,京城空虚之机兴兵反叛,企图恢复察哈尔汗国。不料布尔尼的计划被马喀塔公主从嫁的长史辛柱发觉,遣其弟密报朝廷。于是康熙命多罗信郡王鄂札为抚远大将军、图海为副将军,率兵讨伐,科尔沁等蒙古部落请求出兵。经两个月激战,布尔尼兄弟兵败被杀,其父阿布鼐被清廷处死。经此一役,漠南蒙古王公才真正彻底顺从清廷。有清一代,再无漠南蒙古部落反叛的事件发生。

自漠南察哈尔亲王布尔尼叛乱被平息后,如何在漠北、漠西建立直接的统治,成为清廷亟待解决的重要问题。康熙二十七年(1688年),漠西蒙古准噶尔部台吉噶尔丹,以漠北蒙古喀尔喀三部之一的土谢图汗察珲多尔济杀其弟为由,大举进攻,迫使土谢图汗部内迁,被清廷安置于苏尼特地界(今内蒙古苏尼特左右旗一带)游牧。康熙三十年(1691年)其余喀尔喀二部——车臣可汗乌默客与扎萨克图汗成衮之子策旺扎布也相继内附。为了安置管理内附的喀尔喀部众，1691 年五月，康熙亲至多伦诺尔（今内蒙古多伦北），召集漠北喀尔喀与漠南蒙古王公贵族会盟。康熙恩威并用，既责备土谢图汗杀噶尔丹之弟，挑起事端，致使内乱迭兴，为噶尔丹所乘，部众离散之罪；又安抚曰："尔等困穷至极，互相偷夺，朕已拯救爱养。今与四十九旗一体编设各处扎萨克，管辖稽察，其各遵守。"并警告说："如再妄行，则国法治之矣。"至此，漠北蒙古喀尔喀三部彻底臣服，被纳入盟旗制度之中。

康熙为了笼络在漠北喀尔喀中势力最强的土谢图汗部，于康熙三十六年（1697 年）将第六个女儿和硕恪靖公主，嫁与土谢图汗察珲多尔济之子喀尔喀郡王敦多布多尔济。捱说位于今内蒙古呼和浩特市北郊的清公主府，就是当年和硕恪靖公主与额驸居住过的府邸。在满蒙和亲史上，与漠南蒙古的联姻不胜其例，而此次联姻则是与漠北蒙古和亲的首例。据金启孮先生《漠南集》所载《海蚌（Hebe）公主考》一文分析，在这次和亲的前一年，清军虽然在昭莫多（今蒙古乌兰巴托南宗英德）战役中取得决定性胜利，但没有彻底击溃准噶尔部。因此，这次联姻不但具有离间准噶尔部与喀尔喀部的作用，同时还企图通过婚姻政策的羁縻，以达到使喀尔喀成为防卫北边长城和进攻准噶尔部的助手。而且康熙对土谢图汗也不是完全放心，从康熙"上谕"所说"今噶尔丹虽退，而喀尔喀方且横行"可窥知一二。"恪靖"公主的封号，可能表明公主负有"绥靖藩服"的使命。

金启孮先生的分析或有道理。查《清史稿·公主表》，天命八年（1623 年）六月，皇太极为公主封号定制，中宫所出为"固伦公主"；妃嫔所出，或诸王女养育宫中者为"和硕公主"。于"固伦"、"和硕"前后另加封号者，多为"荣宪"、"端静"、"纯悫"、"温恪"、"敦恪"、"纯禧"等表示"敬谨柔顺"，恪守妇道的含义。在有清一代众多公主中，唯有康熙第六女与第十四女封号为"恪靖"与"悫靖"。悫靖公主嫁与出身正白旗汉军的甘肃提督孙思克之子孙承运，孙思克曾以总兵身份参与平定陕西提督王辅臣之乱，后又以甘肃提督身份参与讨伐噶尔丹的战争，功绩卓著，加振武将军衔。康熙将封号为"恪靖"、"悫靖"两位公主，分别嫁给与平定噶尔丹相关的蒙古王公和汉籍功臣的后代，其中或许包含着希冀"绥靖藩服"的意蕴。

除与漠北蒙古土谢图汗部联姻外，漠北赛因诺颜部也是与清廷刻意笼络的对象之一。康熙中叶，赛因诺颜部策凌（又作策棱）与恭格喇布坦兄弟二人随祖母归附清廷，被安置于京师，由内廷教养。康熙四十五年（1706 年），策凌娶康熙第十女纯悫公主为妻。因参与讨伐准噶尔部战功卓著，雍正年间策凌以军功晋封亲王，被封为大扎萨克，成为赛因诺颜部的实际统领者。雍正、乾隆年间，策凌与长子成衮扎布、次子车布登扎布长期任乌里雅苏台定边左副将军，统掌漠北蒙古之兵，防范准噶尔部蒙古。策凌的孙子拉旺多尔济，乾隆年间袭扎萨克亲王爵，娶乾隆第七女和静公主为妻，习称"七额驸"。自拉旺多尔济后，世居京城，与满族贵族世家互相嫁娶，是清中后期一显贵之家。

《清史稿·公主表》有"终清之世，为主婿者，前有何和礼，后有策棱，贤而有功，斯为最著"之语。何和礼是女真董鄂部首领，在女真诸部中属于最早归顺努尔哈赤者，娶努尔哈赤长女为妻。何和礼长期追随努尔哈赤南征北战，功绩显赫。天命九年（1624年）去世时，努尔哈赤曾感伤在元勋费英东等死后，何和礼又卒，恸哭曰："朕所与并肩友好诸大臣，何不遗一人以送朕老耶？"将蒙古女婿策棱，比之开国元勋本族女婿何和礼，可见评价相当之高。

原属漠西额鲁特蒙古和硕特部阿拉善蒙古，因驻牧于黄河河套之西而称西套蒙古，是与清廷唯一实行联姻的漠西蒙古落部。康熙中叶，额鲁特和啰理部，因不堪准噶尔部噶尔丹的欺凌，率部逃至大草滩，上书朝廷请求牧地。康熙三十六年（1697年），被清廷安置于阿拉善旗游牧。康熙四十一年（1702年），和啰理第三子阿宝娶庄亲王博果铎第三女郡王为妻，被授和硕额驸，赐第京师。康熙末年，阿宝的女儿嫁给康熙第二十子允祎。阿宝后因参与平定准噶尔余部有功，诏封为多罗郡王。阿宝的长子衮布，于雍正八年（1730年）率本部兵驻守新疆巴里坤，抵御准噶尔部蒙古，勤勉效力，封辅国公、晋固山贝子。衮布卒于乾隆二年（1737年），次年，乾隆皇帝将庄亲王允禄第八女指聘与尚稚幼的阿宝次子罗卜藏多尔济。罗卜藏多尔济成年后归牧阿拉善，在乾隆中叶平定天山南北诸战役中，率领本部蒙古兵屡立战功，先后晋封郡王、亲王。魏源《圣武记》认为，阿拉善部"富强甲西陲"，在乾隆年间讨伐剿准噶尔、回部等战役中，"辄以所部为军锋"。高度评价阿拉善蒙古在维护西北边陲安宁中的突出作用。直至清末，阿拉善蒙古还与清廷联姻婚不断，互相嫁娶。

自康熙中期以降，漠西额鲁特蒙古准噶尔部，不仅长期威胁清廷西北边地的安宁，也屡屡侵扰漠北喀尔喀蒙古与西套阿拉善蒙古，迫使这两部蒙古相继归附清廷。清廷则与这两部蒙古联姻结好，使其成为打击、牵制准噶尔部的一支重要力量。经康熙、雍正、乾隆三朝，在清廷平定准噶尔部的历次战役中，都有漠南、漠北及西套蒙古的蒙古额驸，率领本部旗骑兵配合清军作战，如漠北土谢图汗部娶雍正抚养的怡亲王女和硕和惠公主的丹津多尔，赛因诺颜部的固伦额驸策凌父子，西套阿拉善蒙古的阿宝及其子罗卜藏多尔济等，在历次战役中立许多汗马功劳。清军平定新疆后，乾隆以罗卜藏多尔济"厥功甚巨"，下诏图其形于紫光阁，以示褒赏。

自乾隆中期以后，随着朝廷对西北地区的用兵基本结束，蒙古诸部完全被纳入清廷统治体系之中，在政治、军事上的作用日益降低，传统的满蒙联姻也随之发生某些变化。满蒙联姻关系虽然仍在延续，但不过是沿袭成例而已。在太祖、太宗、顺治、康熙四朝中，绝大多数的公主与养公主均远嫁蒙古诸部。自雍正以降，出嫁蒙古的比例在逐渐递减，雍正唯一亲生女儿并未远嫁，远嫁蒙古的是三位养女，乾隆五位公主，有两名嫁给蒙古王公；道光五位公主，仅有一名嫁给蒙古王公；咸丰以后再无公主出嫁蒙古的事例。此外，满洲贵族选择蒙古额驸数量逐渐减少，地域与部族范围也在日益缩减。特别是"备指额驸"制度的实施，正式规定在选择蒙古额驸时，需要将备选对象的年龄、姓氏、三代履历等登记造册，报送理藩院，咨送宗人府，供朝廷挑选、指定额驸；而实行"备指额驸"制度的仅有与清室关系最为亲密的漠南东部蒙古部落的七部十三旗，其余绝大多数的蒙古部、旗均不在其例。

尽管清朝中后期，满蒙联姻的数量与分布，不如前期那么频繁与广泛；但是，作为清廷祖制的"北不断姻"，却始终奉行不渝。与历代和亲所表现出随意性与多变性不同的是，满蒙双方在连续不断、多层次，长时段的相互联姻中，逐步形成诸如"内廷教养"、"备指额驸"、"定期省亲"、"生子授衔"等一系列制度性规定，不仅有效地保障了满蒙联姻顺利有序的进行，也维系了蒙古额驸与清室亲密无间的"舅甥"关系；通过内廷教养等方式，使蒙古额驸具有较强的处理本部、旗政务的能力，有力地稳定了边疆形势，推动边疆地区开发。这是满蒙联姻不同于历代和亲的最大特点之一。几近三个世纪、参与人数众多的满蒙联姻通婚，繁衍出不可胜计的满蒙混血后裔，对于实现民族融合具有重要的意义。

# 结　语

　　中国古代历史上出现的繁多复杂的"和亲"现象，一直是现代史学界所关注的研究对象之一。早在 20 世纪 20 年代，著名史学家王桐龄先生撰《汉唐之和亲政策》，对汉唐时期和亲现象作过较为深入的探讨。20 世纪五六十时代，翦伯赞、范文澜等著名学者都对此发表过许多精辟见解。80 年代之后，和亲更成为史学界十分活跃的研究领域之一。对于和亲的渊源与流变，和亲的类型与特点，和亲的目的与性质，和亲的作用与意义，以及涉及和亲的人物或事件，均进行广泛而深入的讨论，取得许多重要研究成果。献于读者面前的这本小书，就是笔者在综合学界已有研究成果基础上完成的。囿于功力，只能粗略地勾勒出中国古代和亲史的基本线索，肯定挂一漏万，敬请读者批评指正。

　　限于丛书体例，所参考的文献资料以及学界已有研究成果，不能一一注明，是为说明之处。需要特别指出，笔者在撰写过程中，主要参考崔明德先生的《中国古代和亲史》、《中国古代和亲通史》等著作，以及其他学者的研究论著，在此特表谢忱。

# 参考书目

1. 《周礼》、《左传》，《十三经注疏》，中华书局，1980 年影印本。

2. 《史记》、《汉书》、《后汉书》、《三国志》、《晋书》、《魏书》、《周书》、《隋书》、《北史》、《旧唐书》、《新唐书》、《元史》、《清史稿》等相关纪、传、表，均采用中华书局标点本。

3. 《资治通鉴》，中华书局，1956。

4. 索南坚赞著，刘立千释注《西藏王统记》，民族出版社，2000。

5. 五世达赖喇嘛著，刘立千释注《西藏王臣记》，民族出版社，2000。

6. 余大钧译注《蒙古秘史》，河北人民出版社，2007。

7. 吴广成撰，龚世俊等校证《西夏书事校证》，甘肃文化出版社，1995。

8. 宇文懋昭著，李西宁点校《大金国志》，收入《二十五史别史》，齐鲁书社，1999。

9. 金启孮著《漠南集》，内蒙古大学出版社，1991。

10. 杜家骥著《清朝满蒙联姻研究》，人民出版社，

2003。

11. 崔明德著《中国古代和亲史》，人民出版社，
2005。

12. 崔明德著《中国古代和亲通史》，人民出版社，
2007。

13. 宋超：《汉匈战争三百年》，华夏出版社，1996。

# 《中国史话》总目录

| 系列名 | 序号 | 书名 | 作者 | |
|---|---|---|---|---|
| 物化历史系列（28种） | 30 | 石器史话 | 李宗山 | |
| | 31 | 石刻史话 | 赵 超 | |
| | 32 | 古玉史话 | 卢兆荫 | |
| | 33 | 青铜器史话 | 曹淑琴 | 殷玮璋 |
| | 34 | 简牍史话 | 王子今 | 赵宠亮 |
| | 35 | 陶瓷史话 | 谢端琚 | 马文宽 |
| | 36 | 玻璃器史话 | 安家瑶 | |
| | 37 | 家具史话 | 李宗山 | |
| | 38 | 文房四宝史话 | 李雪梅 | 安久亮 |
| 制度、名物与史事沿革系列（20种） | 39 | 中国早期国家史话 | 王 和 | |
| | 40 | 中华民族史话 | 陈琳国 | 陈 群 |
| | 41 | 官制史话 | 谢保成 | |
| | 42 | 宰相史话 | 刘晖春 | |
| | 43 | 监察史话 | 王 正 | |
| | 44 | 科举史话 | 李尚英 | |
| | 45 | 状元史话 | 宋元强 | |
| | 46 | 学校史话 | 樊克政 | |
| | 47 | 书院史话 | 樊克政 | |
| | 48 | 赋役制度史话 | 徐东升 | |
| | 49 | 军制史话 | 刘昭祥 | 王晓卫 |
| | 50 | 兵器史话 | 杨 毅 | 杨 泓 |
| | 51 | 名战史话 | 黄朴民 | |
| | 52 | 屯田史话 | 张印栋 | |
| | 53 | 商业史话 | 吴 慧 | |
| | 54 | 货币史话 | 刘精诚 | 李祖德 |
| | 55 | 宫廷政治史话 | 任士英 | |
| | 56 | 变法史话 | 王子今 | |
| | 57 | 和亲史话 | 宋 超 | |
| | 58 | 海疆开发史话 | 安 京 | |

| 系列名 | 序号 | 书　名 | 作　者 |
|---|---|---|---|
| 交通与交流系列（13种） | 59 | 丝绸之路史话 | 孟凡人 |
| | 60 | 海上丝路史话 | 杜　瑜 |
| | 61 | 漕运史话 | 江太新　苏金玉 |
| | 62 | 驿道史话 | 王子今 |
| | 63 | 旅行史话 | 黄石林 |
| | 64 | 航海史话 | 王　杰　李宝民　王　莉 |
| | 65 | 交通工具史话 | 郑若葵 |
| | 66 | 中西交流史话 | 张国刚 |
| | 67 | 满汉文化交流史话 | 定宜庄 |
| | 68 | 汉藏文化交流史话 | 刘　忠 |
| | 69 | 蒙藏文化交流史话 | 丁守璞　杨恩洪 |
| | 70 | 中日文化交流史话 | 冯佐哲 |
| | 71 | 中国阿拉伯文化交流史话 | 宋　岘 |
| 思想学术系列（21种） | 72 | 文明起源史话 | 杜金鹏　焦天龙 |
| | 73 | 汉字史话 | 郭小武 |
| | 74 | 天文学史话 | 冯　时 |
| | 75 | 地理学史话 | 杜　瑜 |
| | 76 | 儒家史话 | 孙开泰 |
| | 77 | 法家史话 | 孙开泰 |
| | 78 | 兵家史话 | 王晓卫 |
| | 79 | 玄学史话 | 张齐明 |
| | 80 | 道教史话 | 王　卡 |
| | 81 | 佛教史话 | 魏道儒 |
| | 82 | 中国基督教史话 | 王美秀 |
| | 83 | 民间信仰史话 | 侯　杰　王小蕾 |
| | 84 | 训诂学史话 | 周信炎 |
| | 85 | 帛书史话 | 陈松长 |
| | 86 | 四书五经史话 | 黄鸿春 |

| 系列名 | 序号 | 书名 | 作者 | |
|---|---|---|---|---|
| 思想学术系列（21种） | 87 | 史学史话 | 谢保成 | |
| | 88 | 哲学史话 | 谷 方 | |
| | 89 | 方志史话 | 卫家雄 | |
| | 90 | 考古学史话 | 朱乃诚 | |
| | 91 | 物理学史话 | 王 冰 | |
| | 92 | 地图史话 | 朱玲玲 | |
| 文学艺术系列（8种） | 93 | 书法史话 | 朱守道 | |
| | 94 | 绘画史话 | 李福顺 | |
| | 95 | 诗歌史话 | 陶文鹏 | |
| | 96 | 散文史话 | 郑永晓 | |
| | 97 | 音韵史话 | 张惠英 | |
| | 98 | 戏曲史话 | 王卫民 | |
| | 99 | 小说史话 | 周中明 | 吴家荣 |
| | 100 | 杂技史话 | 崔乐泉 | |
| 社会风俗系列（13种） | 101 | 宗族史话 | 冯尔康 | 阎爱民 |
| | 102 | 家庭史话 | 张国刚 | |
| | 103 | 婚姻史话 | 张 涛 | 项永琴 |
| | 104 | 礼俗史话 | 王贵民 | |
| | 105 | 节俗史话 | 韩养民 | 郭兴文 |
| | 106 | 饮食史话 | 王仁湘 | |
| | 107 | 饮茶史话 | 王仁湘 | 杨焕新 |
| | 108 | 饮酒史话 | 袁立泽 | |
| | 109 | 服饰史话 | 赵连赏 | |
| | 110 | 体育史话 | 崔乐泉 | |
| | 111 | 养生史话 | 罗时铭 | |
| | 112 | 收藏史话 | 李雪梅 | |
| | 113 | 丧葬史话 | 张捷夫 | |

| 系列名 | 序号 | 书 名 | 作 者 | |
|---|---|---|---|---|
| 近代政治史系列（28种） | 114 | 鸦片战争史话 | 朱谐汉 | |
| | 115 | 太平天国史话 | 张远鹏 | |
| | 116 | 洋务运动史话 | 丁贤俊 | |
| | 117 | 甲午战争史话 | 寇 伟 | |
| | 118 | 戊戌维新运动史话 | 刘悦斌 | |
| | 119 | 义和团史话 | 卞修跃 | |
| | 120 | 辛亥革命史话 | 张海鹏 | 邓红洲 |
| | 121 | 五四运动史话 | 常丕军 | |
| | 122 | 北洋政府史话 | 潘 荣 | 魏又行 |
| | 123 | 国民政府史话 | 郑则民 | |
| | 124 | 十年内战史话 | 贾 维 | |
| | 125 | 中华苏维埃史话 | 杨丽琼 | 刘 强 |
| | 126 | 西安事变史话 | 李义彬 | |
| | 127 | 抗日战争史话 | 荣维木 | |
| | 128 | 陕甘宁边区政府史话 | 刘东社 | 刘全娥 |
| | 129 | 解放战争史话 | 朱宗震 | 汪朝光 |
| | 130 | 革命根据地史话 | 马洪武 | 王明生 |
| | 131 | 中国人民解放军史话 | 荣维木 | |
| | 132 | 宪政史话 | 徐辉琪 | 付建成 |
| | 133 | 工人运动史话 | 唐玉良 | 高爱娣 |
| | 134 | 农民运动史话 | 方之光 | 龚 云 |
| | 135 | 青年运动史话 | 郭贵儒 | |
| | 136 | 妇女运动史话 | 刘 红 | 刘光永 |
| | 137 | 土地改革史话 | 董志凯 | 陈廷煊 |
| | 138 | 买办史话 | 潘君祥 | 顾柏荣 |
| | 139 | 四大家族史话 | 江绍贞 | |
| | 140 | 汪伪政权史话 | 闻少华 | |
| | 141 | 伪满洲国史话 | 齐福霖 | |

| 系列名 | 序号 | 书 名 | 作 者 |
|---|---|---|---|
| 近代经济生活系列（17种） | 142 | 人口史话 | 姜 涛 |
| | 143 | 禁烟史话 | 王宏斌 |
| | 144 | 海关史话 | 陈霞飞 蔡渭洲 |
| | 145 | 铁路史话 | 龚 云 |
| | 146 | 矿业史话 | 纪 辛 |
| | 147 | 航运史话 | 张后铨 |
| | 148 | 邮政史话 | 修晓波 |
| | 149 | 金融史话 | 陈争平 |
| | 150 | 通货膨胀史话 | 郑起东 |
| | 151 | 外债史话 | 陈争平 |
| | 152 | 商会史话 | 虞和平 |
| | 153 | 农业改进史话 | 章 楷 |
| | 154 | 民族工业发展史话 | 徐建生 |
| | 155 | 灾荒史话 | 刘仰东 夏明方 |
| | 156 | 流民史话 | 池子华 |
| | 157 | 秘密社会史话 | 刘才赋 |
| | 158 | 旗人史话 | 刘小萌 |
| 近代中外关系系列（13种） | 159 | 西洋器物传入中国史话 | 隋元芬 |
| | 160 | 中外不平等条约史话 | 李育民 |
| | 161 | 开埠史话 | 杜 语 |
| | 162 | 教案史话 | 夏春涛 |
| | 163 | 中英关系史话 | 孙 庆 |
| | 164 | 中法关系史话 | 葛夫平 |
| | 165 | 中德关系史话 | 杜继东 |
| | 166 | 中日关系史话 | 王建朗 |
| | 167 | 中美关系史话 | 陶文钊 |
| | 168 | 中俄关系史话 | 薛衔天 |
| | 169 | 中苏关系史话 | 黄纪莲 |
| | 170 | 华侨史话 | 陈 民 任贵祥 |
| | 171 | 华工史话 | 董丛林 |

| 系列名 | 序号 | 书　名 | 作　者 |
|---|---|---|---|
| 近代精神文化系列（18种） | 172 | 政治思想史话 | 朱志敏 |
| | 173 | 伦理道德史话 | 马　勇 |
| | 174 | 启蒙思潮史话 | 彭平一 |
| | 175 | 三民主义史话 | 贺　渊 |
| | 176 | 社会主义思潮史话 | 张　武　张艳国　喻承久 |
| | 177 | 无政府主义思潮史话 | 汤庭芬 |
| | 178 | 教育史话 | 朱从兵 |
| | 179 | 大学史话 | 金以林 |
| | 180 | 留学史话 | 刘志强　张学继 |
| | 181 | 法制史话 | 李　力 |
| | 182 | 报刊史话 | 李仲明 |
| | 183 | 出版史话 | 刘俐娜 |
| | 184 | 科学技术史话 | 姜　超 |
| | 185 | 翻译史话 | 王晓丹 |
| | 186 | 美术史话 | 龚产兴 |
| | 187 | 音乐史话 | 梁茂春 |
| | 188 | 电影史话 | 孙立峰 |
| | 189 | 话剧史话 | 梁淑安 |
| 近代区域文化系列（二种） | 190 | 北京史话 | 果鸿孝 |
| | 191 | 上海史话 | 马学强　宋钻友 |
| | 192 | 天津史话 | 罗澍伟 |
| | 193 | 广州史话 | 张　苹　张　磊 |
| | 194 | 武汉史话 | 皮明庥　郑自来 |
| | 195 | 重庆史话 | 隗瀛涛　沈松平 |
| | 196 | 新疆史话 | 王建民 |
| | 197 | 西藏史话 | 徐志民 |
| | 198 | 香港史话 | 刘蜀永 |
| | 199 | 澳门史话 | 邓开颂　陆晓敏　杨仁飞 |
| | 200 | 台湾史话 | 程朝云 |